働き方改革時代の
若手部下育成術

専田政樹 著

セルバ出版

はじめに

社会情勢の激変期を間近に控え、仕事の現場に大きな揺らぎが見え始めました。

これまで、くるぞくるぞ…と言われていた「少子高齢化」と、それに伴う「働き手の不足」が、遂に現場に大きな波となって襲いかかっています。

私は、バブル崩壊後1997年社会人デビュー組で、当初は小売業界に飛び込みました。私のキャリア形成期は業界全体が営業時間の拡大期で、サービス面での差別化を図るため、徐々に営業時間は深夜時間帯に伸び、業態によっては24時間営業も当たり前となっていきました。当時、この流れはエスカレートする一方で、流れが変わることなど想像もつかない状況でした。

ところが今、「人手不足」「働き方改革」を背景に、世の中は大きく変化しようとしています。経済が成長していた時代の考え方はもとより、失われた○○年などと謳われる、ここ20年前後の常識が大きく変わろうとしているのです。

私自身、若手育成に関わる中で大きな波を実感しています。最も大きな変化は、これから社会人として活躍し始める層が、労働基準法の改訂といった法整備（働き方改革）が進む今の状態をスタンダードとして捉えていることでしょう。

かつてを知っている人からすると、ついていけないくらい激しい「これまでとの大きなギャップ」ですが、今の若手はそれを標準とする世代です。

このことを正しく理解し、時代の変化に対応し、やり方を変えなければ「職場」はジェネレーションギャップの波に飲み込まれ、徐々に破綻をきたすでしょう。

また、ひと昔前は人が不足したら「採ればいい」という論理が成立していました。業界差などバラつきはもちろんありますが、おおまかに捉えると、経済成長期については人口統計的にも若手が潤沢にいましたし、バブル崩壊後は労働市場そのものが厳しく、非正規労働者の増加等の与件も加わったため、「募集をかければなんとかなった」というのが実情でしょう。そのため、「辞めてしまって人が足りなくなったらまた採ればいい」で何とかなってきました。

また、近年の転職市場が活性化していることもあり「どうせある程度はやめてしまうのだから育成に力をいれても仕方がない」という意見もありますが、若手社員側からすると、こういった姿勢から「ここに一生いても大切にされない」と敏感に感じ取り、離職を助長していきます。若いエネルギーを喪失していけば徐々に体を蝕んでいくのは明白です。

これからは募集をかけたときに人を採る難易度が高止まりしていく時代です。そのため苦労して確保した若手を丁寧に育成し定着を図ることの重要性がより高まっています。「できる人が生き残る」ではなく、「1人ひとり丁寧に育てていく」感覚です。

本書は過去と現在の違いを捉え、『今この時代の若手育成をどのように展開すべきか』をテーマとし、独自調査により「若手の本音」を押さえつつ、育成方法にアプローチしています。若手育成には時間がかかるため、本気で取り組むなら、1日も早く始めることが重要です。時代の変化を味方につけ、いち早く若手を伸ばしていきたい方に向け一歩一歩進めていけるよう段階を追って記しています。

経営資源の中で最も扱いが難しく、中期的には最も重要な「人」…というジャンルですが、社会構造の変化を受け、これまでより、さらに扱いが難しい課題となっています。この領域で、いち早く抜け出すことが、近未来の重要な勝ち残り策となります。「若手人材育成を制するものが、次の時代を制する」といえるでしょう。

一方で、現実となると、自分自身も多忙である中、「取り組んではいるが上手くいかない」、あるいは「どうやって若手育成をしたらよいのかわかない…」という声が多くあるのが実態です。

このようなお悩みに向け、本書ではアクションを具体的に想像しやすいよう、できるだけ「セリフ」を入れて表現をしています。ご自身のキャラクターを活かす形でアレンジし、オリジナルの取組みを進めていただけると幸いです。

「人」への具体策は効能が出るまでに時間がかかります。そのため、やると決めたら、すぐに始めることが重要です。1日も早くスタートをきり、成果をあげていきましょう。

2020年1月

専田　政樹

働き方改革時代の若手部下育成術　目次

第3章　若手部下はこんな上司先輩が嫌い
──否定的に感じる上司先輩像

第4章　若手部下のモチベーションをあげるには

第5章　若手部下をプロとして育てる
―若手育成は1歩ずつ

第6章　自身の育成スキルを高める

第7章　若手部下に自発的な行動を促す

第8章　若手部下をチームリーダーへ育てる

第9章　まとめ

第1章　若手部下を取り巻く環境

―「かつて」と「今」の背景の変化

1　社会情勢と生活環境の変化

昔からある「最近の若いやつは……」

「最近の若いやつは……」昔から使い続けられているある種の名セリフです。私自身、社会人デビューを果たしたときは、上長や先輩からこの言葉をかけられたこともありました。

いつの時代も似たようなもので、職場でリーダー役を担う側からすると、常につきまとうやっかいで難しい問題です。さらに、ここしばらくの間で様子が大きく変わってきました。

「最近の若いやつ…」というギャップが生まれる原因は、「育ってきた時代の影響」を主要因の1つとして、その世代全体をイメージづけていきます。

そこにもう1つの要素として、「1人ひとりが過ごしてきた人生そのもの」の影響が、掛け算され、個人差を生み出していきます。価値観を形成する多感な時期（主に中学生、高校生、大学生時代など）に「どんな人生を過ごしてきたか」の影響を受けています。

戦後以降の日本は大きく俯瞰してみると、経済が発展し、生活が豊かになっていった時代です。高度成長から低成長へなりはしたものの、バブル崩壊までは、ざっくり言えば、「右肩あがり」だったのではないでしょうか。

この頃の持続的な成長が当たり前の時代の間は、「頑張ってよい学校に入って一流企業に勤めれば、幸せになれる…」といった論調です。個々の「くらし」には、もちろん個人差がありますが、大きくはこんな雰囲気であったといえるでしょう。受験戦争といった言葉が使われ、価値観を形成する多感な時期に、学校が終わってから塾や予備校に通い、人生勝ち組になることができるかどうかを競い合う…こんな時代です。

一方、バブル崩壊後、状況は大きく変化します。失われた〇〇年などと表現されることもありますが、持続的な成長が担保されなくなり、がむしゃらに頑張ったとしても、報われないケースも出てきます。

近年社会人デビューしてくる若手は、「『会社のために頑張ったのに…』と公園でブランコに乗っているサラリーマンのイメージ」を多感な時期になんとなく感じながら育ってきました…。少し前まで、世の中で成功モデルとして推奨されてきたスタイルで「勝ち組」として頑張ってきた人たちが、公園でブランコに乗っているシーンを見て、これまで聞いてきたことは幻想なのかな…そんな風に感じながら価値観を形成する多感な時期を過ごしてきているのです。

こういった状況に代表される世の中の変化が、若手たちにどのような影響をもたらしているのでしょうか。

社会の変化が及ぼした若手への影響

経済や社会が豊かになり成熟期に入ったことで、基本的にはモノが充足しており、生きることに関する不安を感じにくくなっています（もちろん個人差はあります）。

マズローの欲求5段階説（詳細5章）を例にとると、安全欲求といったレベルの危機感は、過去に比べるとかなり低下しているのではないでしょうか。社会情勢からすると、本人が頑張ることができる状況であれば、飢え死にするようなことには、なりにくくなっているはずです。

平常時に会社等で働いている…という状況下であれば、食べるものがなくて（お金があっても手に入れることができないようなケース）生きていけない…といった類の命の危機はそうそうないでしょう。むしろ若手が、仕事で無理をすることで精神に不調をきたすようなケースのほうが、「大きなリスクだ」と感じていても妥当な状況となっています。

生活環境の変化が及ぼした若手への影響

また、生活環境という意味では通信インフラが発展したことで、暮らしの便利さは大きく変化しました。インターネット、携帯電話、メール、写真、SNS、スマートフォンなど様々なインフラが整備されてきました。

「暮らしの利便性が変わったこと」から価値感に大きな変化を巻き起こしています。

今の若手は「デジタルネイティブ」といった表現があるように、幼少期からデジタル機器を活用していることで、各種インフラは「そもそもあるもの」として育ち、抵抗感なく使いこなす…だけではなく、今の利便性が高い状態を標準値として「暮らし」をスタートさせている世代です。

上司や先輩たちから、「昔はこうやって足を使って、汗をかいて…」といわれても、「なんでそんな効率の悪いやり方なの？　そんな昔の話をされても…」と、そもそも理解ができる状況ではありません。

インターネットを使って調べものをしている若手に、「座ってないでまずは現場に行ってこい…」という話をしても、「なんでそんな効率の悪いことを強要するんだろう…」となってしまいます。

こちら側もしっかりと状況を把握して、文献調査といった情報収集段階の話と、現場近くで仮説の検証や新たな創造をしている段階の違いを、切り分けてわかるように説明していく必要があります（とにかく、まずは現場という発想はよし悪しでしょう）。

現状の方法論を、「説明せずに踏襲させようとする」、または自身の中で暗黙知になっていることを「やればわかる」といって「無理やり実行させる」と、どうなるでしょうか。若手は自分の身（ころ）を守るために、思考を停止させて「仕事とはこういうものだ…（思考を停止させて言われたとおりにとにかくやるもの）」と解釈して実行するようになっていきます。

こうなることで、自律性の芽が摘み取られていきます。しばらくして完全に思考停止してから「そろそろ自分で考えろ…」と、改めて自律性を持たせようとしても、そうそう上手くはいきません。

一方で、ＳＮＳ活用が進んだことから、ビジネスメールを使わないまま社会にでてくるケースが増えているなど、ツールの変化に伴う新たなギャップも発生しています。スマートフォンを使いこなしていても、ビジネスマナーを遵守したEメールが打てない…というのも若手が抱えている悩みです。実際、直接育成に関わっているメンバーにヒアリングすると、1年目のビジネスマナーで「最も苦労したのがメール」と言います。

こんなことで躓かないように、入社前に勉強しておけばよかった…という思いが強く、後輩に伝えていきたいという声も聞こえてきます。

生活環境の大きな変化によって、ジェネレーション（世代間）ギャップが広がり、自分たちにとって「当たり前のこと」が、他世代からすると、「当然のことではない」といったことが増えてきています。相互に育ってきた時代のことを知らないというギャップを、「負の連鎖」とするか、相互に知らないことを「互いに違うことを知っている」と受け止め「プラスの相乗効果を生み出そう」としていくか…、この違いは、とてつもなく大きな差となっていきます。

さて、SNS時代という意味で、意識しておかなければならないのが、入社してからも学生時代の仲間とこれまでと同じようにつながっている…ということでしょう。かつては社会人になったタイミングで、時間帯や曜日のギャップなどが発生し、入ってくる情報が「同期入社間の情報」や、「配属後の部署の上司先輩との情報交換」に切り替わっていきました。「直接会う」以外では、電話や手紙での情報交換だったため、時間帯の制約やタイムラグを発生させ、徐々に縁遠くなっていったのです。

一方で現在は、気楽にＳＮＳでつながっている（つながり続けることができるようになった）ため、「○○が入った会社はこんなにひどいらしい…」とか、「○○の会社はこんなに整っているらしい…」といったリアルで、かつ偏った（しかも精度が低い）情報が当人同士で飛び交います。

その結果、「自分の職場はブラックなのではないか…」といった疑念を持ちやすくなっています。加えて、人手不足による転職しやすい環境が「自分に合わない職場なら早く次に移ったほうがよいのでは…」という感情を助長していきます。

こういった変化の影響も受けて、若手の「職場に対するストレス耐性が下がっている」のです。

2　激変する採用環境

採用市場の変化

人手不足が深刻化している近年の状況は、若手の働き方に非常に大きな影響を与えています。何しろ、少し前までの就職氷河期と違い、企業を選ぶことができる立場に変わっているからです。

採用市場という意味では、ここ数十年でいくつかの山がありました。バブル崩壊による就職氷河期が１９９０年代中盤くらいからしばらく続きます。この頃は社会的に「ロイヤリティーの高い人気のある業種」や「各業界内で伝統ある人気企業」が「採用そのものをかなり絞った」ことから、そもそも枠がないという非常に厳しいものでした。

【図表1　求人倍率・完全失業率の推移】

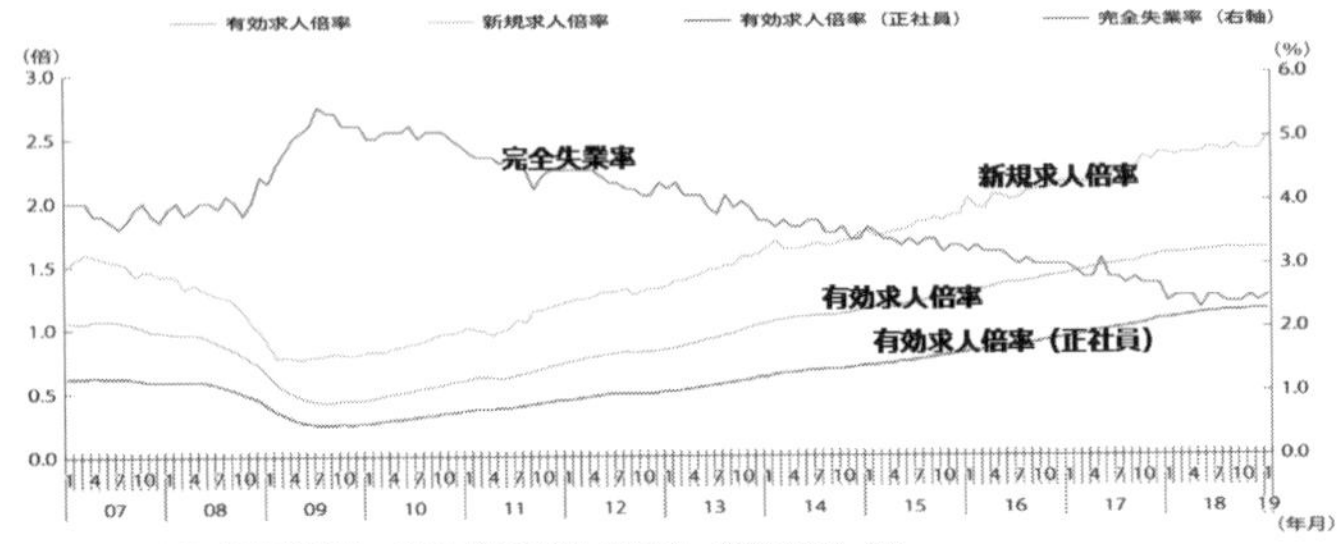

資料：厚生労働省「一般職業紹介状況」、総務省「労働力調査（基本集計・長期時系列データ）」
(注) 1. 数値は季節調整値。
2. 完全失業率は、2011年3月～8月までの期間、東日本大震災の影響により全国集計結果が存在しないため、補完推計値を用いている。

２０００年代中盤くらいから「緩やかな景気回復時代」を迎え、しばらく採用を絞ってきたために社内の年代バランスを崩してしまっていた多くの企業が採用を再開していきます。こういった中期的な影響も踏まえ、採用市場は回復に向かっていきます。

この状況を一変させたのが「リーマンショック」です。この影響を受けて、「内定取り消し」が社会問題になるなど、再び氷河期時代に逆戻りしてしまいました。久々の若手にとって明るい兆しでしたが、ほんのわずかな期間で逆戻りしてしまいました。

その後、状況は徐々に回復していきます。０・５倍を割っていた有効求人倍率は、２０１３年第４四半期に１・０倍を超え、右肩上がりで高まっていきます。その後は過去に類をみない値に上昇し、バブル期を超えるい最高値を更新しています。この変化はこれまでのような経済環境を原因としたものではなく、少子高齢化による労働力の不足が主要因の１つです。この要因は今後も続くことが予想されます。採用環境はまさに激変状態といえるのです。

少子化の実態

こうした状況が起こる根本的な原因の1つに少子化の影響が挙げられます。今後も少子高齢化が加速していくことは皆さん旧知の事実です。「どのくらい減っていくのか…」を実感としてつかめているでしょうか。正確な数値を答えられる必要は全くありませんが、漠然としたままになってしまっているケースが多くなっています。

ではどのくらい違うのか…。具体的に人数で比較してみるとわかりやすいので各年代の出生数で確認していきましょう。

※その年に産まれた人数での比較なので、現在の各世代の人口とは異なります。

１９４９年生まれ　２７０万人　団塊世代のピーク
１９７３年生まれ　２０９万人　団塊ジュニア世代のピーク

１９９０年生まれ　１２２・１万人　現役4年生大学卒業組は１９９６年に社会人へ
１９９５年生まれ　１１８・７万人　現役4年生大学卒業組は２０１３年に社会人へ
２０００年生まれ　１１９・０万人　現役4年生大学卒業組は２０１８年に社会人へ
２０１０年生まれ　１０７・１万　現役4年生大学卒業組は２０２３年に社会人へ
２０１８年生まれ　91・８万人　現役4年生大学卒業組は２０３３年に社会人へ
現役4年生大学卒業組は２０４１年に社会人へ

【図表２　我が国の総人口の長期推移（出典：国土交通省）】

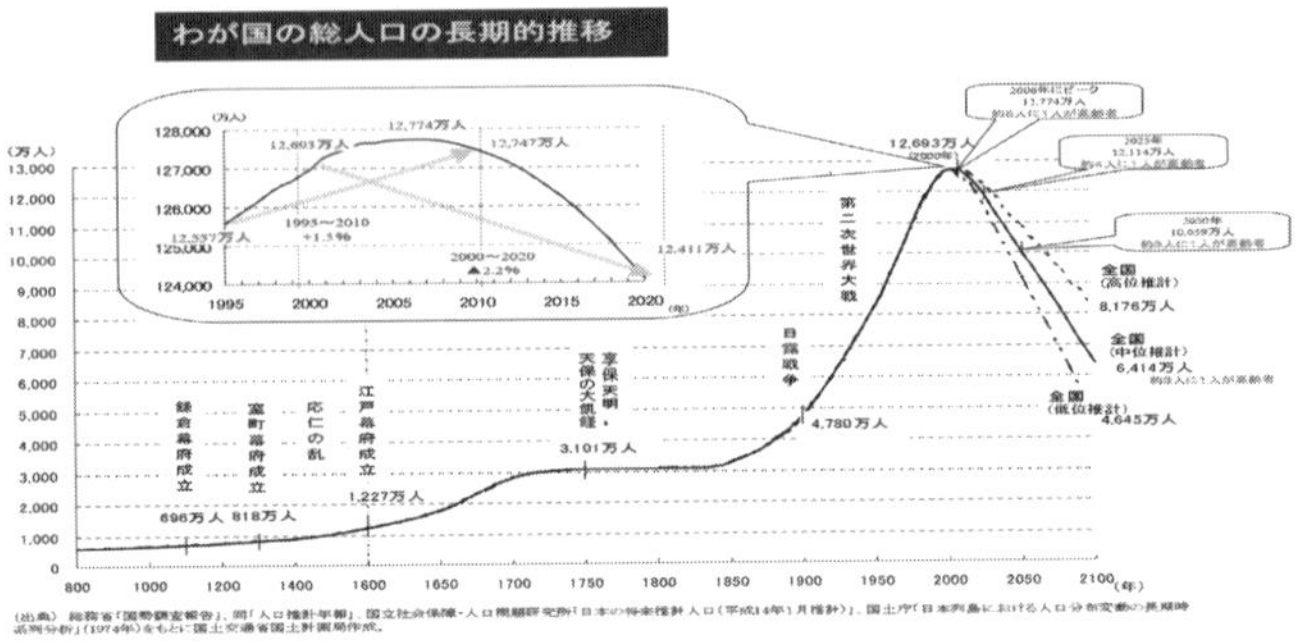

いかがでしょうか。最も人数の多かった団塊世代の出生数に比べて、現在（１９９５年～２０００年前後）の新卒世代は人数で40％を切っていることがわかります。人口としてそもそも昔の半数弱しかいない……という状況です。

私は団塊ジュニア世代の最後尾なので同期出生人数は約２００万人超の世代ですが、２０１８年には既に１００万人を切りましたので、人数比ではこちらも50％以下となっています。現在の40代中盤に対し、直近世代の人数は既に半分以下しかいないのです。

ポイントはこの流れが、一過性のものではないことです。図表2を見てください。政府統計局でもでている将来の人口推計のグラフの長期版です（出所：国土交通省　我が国の総人口の長期的推移）。

こちらもいかがでしょうか。俯瞰してみると、このようなカーブを描いています。実際は２０１５年に統計上初めて人口減少局面に入ったといわれていますが、まさに今は「ジェットコースター」の頂点を過ぎて、下り始めたところにいるのです。

これから変化は徐々に加速していき、一気に下っていきます。アップダウンの繰り返しによって、かつてのように戻ることを期待するような局面ではなく、むしろこれから変化は急加速していくのです。覚悟を決めて取組みを進めない限り、会社の前進はありません。

3　入社時の感覚の違い

若手を取り巻く環境

環境の変化とともに、企業側と学生側の需給バランスは完全に逆転し、現在は学生側が会社を選択する状況になっています。企業側は優秀な若手の確保に躍起になっていますので、学生側はどこにいっても歓迎されます。この会社は私のために何をしてくれるんだろうか…といった目線になっている学生も散見されます。

この影響は、入社直後の状況にも反映されていきます。採用担当側としては、苦労して確保した期待の若手ですから、入社までの間に辞退されては困ります。

なんとか無事初期教育を終え、配属まで送りだそう…と丁寧に、丁寧に接しているというのが本音でしょう。

実際、私のところにも、ビジネスマナー等の初期教育以降のフォローアップの支援依頼は年々増えてきており、大切に育てようとしている気持ちが強く伝わってきます。

現場と若手との間のギャップ解消を「早く・確実に実践すること」が急務

あなたの職場に配属されてくる若手部下は、かつてに比べ大切に扱われて入ってきていますし、ある意味「大切にされること」を当然と感じています。

ギャップの根源はここにあると言っていいでしょう。採用や初期育成段階と異なり、実際に仕事の現場に入ると、着目しているのは若手部下ではなく、自社の商品サービスを提供している「お客様」です。

若手部下にとってはここまで、自分自身がお客様のように扱われていたところ（面倒を見てもらうという意味では、主体的な対象者であった）から、何も知らない、何もできない新入社員（まだ何もできない）扱いに変わります。「主役」から「見習い」に立場が激変するのです。氷河期世代は入る前からお客様扱いなどされていませんので、感覚値としては大きな差があります。

こういったことは本人たちも、ある程度は覚悟してはいます。しかし、ギャップは想像以上に大きく、自力で上手く埋めることはかなり難しい状況です。

就職氷河期世代は、苦労して勝ち取った成果としての社会人デビューですから、それなりに高いストレス耐性を持っています。入る前から高いストレスにさらされていますので、入社後も一定レベルの理不尽さに抵抗力を持っています。言い換えれば我慢強いと言えます。

一方で、「今の若手の我慢強さ」は、少なくとも入社段階で、是非きてくださいと誘われてきているこことから、そもそも勝ち取ったという感覚が薄く（総じて過去に比べてという意味です）なっています。自ら選択した意識は持っていますが、そこに到達するまでの苦労という意味では感覚が大きく異なります。

そのため、就職活動に苦労をしてきた世代と比べると、配属後に発生するギャップに対する抵抗力が著しく下がっています。

このギャップを解消できなければ、あなたが担う若手部下育成や、後輩指導はまっすぐ進んでいきません。しかし、この状況にあることは若手自身には罪はありません。本人が望むか否かに関係なく、時代がそうなっているからです。

若手部下を育成をするためには、こういった状況をしっかりと理解し、どのようにアクションを起こしていくか…を、しっかりと考え、準備し、対策を講じていくことが重要です。

何故ならば、この後も若手人口は減り続けていくからです。古きよき時代のように、募集をかければいくらでも人が入ってくる時代が、再びくることはありません。

かつては「景気がよくなれば状況が変わる」といわれていました。実際そうだったのですが、今後は違います。これから先そんなことはありません。いち早く、対策を講じ、定着・育成を成功させる体制を作っていくことが、勝ち残るために重要なのです。

4　コンプライアンス意識の変化

どうして働き方に対する意識のギャップが発生するのか

もう1つ意識しておかなければならないのが働き方についての意識のギャップです。ワークライフバランスが叫ばれ始めてどのくらい経ったでしょうか。働き方改革関連法案も施行され、世の中の感覚もずいぶん変化してきました。

意識しなければならないのは、こういった働き方に関する感覚はジェネレーション（世代間）ギャップが非常に大きいということです。

例えば団塊ジュニア世代（1975年早生まれ組）の私が社会人デビューしたのは1997年で、男女雇用機会均等法が改正された年です。世の中における男女平等が進展していくタイミングです。この時代背景を前提に、仕事において性別は関係なく、そもそもフラットな存在と感じて社会人キャリアをスタートしていました。「男女の扱い」というテーマについて、法整備後に社会人になったため、「そもそもそういうものだ」と認識しており、特に違和感もありませんでした。

しかし、ひと回り上の世代は、性別に関する扱いのギャップが色々あったようでした。当時職場にいた年上の面々には偏った考え方の人（フラットだと捉えていない人）もたくさんいました。職場全体でいえばフラットな扱いではなかったようにも思います。ただ、私の世代としては、そもそも差など意識になく、フラットが前提条件でした。

現在はどうでしょうか。働き方改革という言葉が浸透する中、徐々にこれまでの「時間無制限型労働」から、欧米同様、「限られた時間の中で生産性を高め、効率的に働く」方向に考え方がシフトしていっています。

ポイントはここです。今の若手は、制限された時間の中で、「いかに生産性を高めるか…」がベースとなっています。現在のスタンダードがそうなっているからです。古きよき時代（成長期）の日本は「時間無制限で生産を高めること」がよいことでしたが、今は「限られた時間でどれだけ効率よく生産できるか」を考えることがスタンダードに変化しようとしています。

スタンダードの変化に着目すると、現在は働き方がテーマです。現場に浸透することに時間を要していますが、今の若手にとっては「最初からこれがスタンダード」です。この変化に取り残される組織や人は若手から見放されていく恐れがあるのです。

今の時代に発生しやすいギャップ

他にも具体例を考えてみましょう。東京都ではついに最低賃金が１０００円を超えましたが、これも今後の若手世代にとっては当たり前となっていきます。アルバイトとして社会に出たときから既に最低賃金が時給１０００円という感覚です。学生時代のアルバイトから普通にこの感覚で生活をしていますので、当然これがスタンダードとなっていきます。

一方、社会人になって理不尽なことに揉まれながら、一生懸命に働いた結果としてもらった初任給をどう感じるでしょうか。時間換算してみたりすると、「あれ？　自分の賃金ってこんなもんなの？」となってしまいます。「社会人っていってもアルバイトとそんなに変わらないなぁ…」と思い、ますますスイッチが切替にくくなります。

会社側からすると、最低賃金上昇分を、新人を中心に若手のみ賃金を上げる…、あるいは全従業員の賃金ベースをそっくり上げる…というわけにもなかなかいかず、正直悩ましいところです（最低賃金の上昇ペースがかなり早いため、一度あげたら解決かというとそうでもありません。このペースでベースアップを継続するのは厳しい状況です）。

お金でいえばこんな話になりますが、労働時間やワークライフバランスについてはどうでしょうか。残業に対する感覚や、インターバル制度（遅番の翌日の早番などの際に、一定以上の時間をあけて次の始業時間を設定する制度）などによる労働環境の改善、あるいは有休休暇等を踏まえた休日に対する考え方など、実に様々なモノがありますが、これから社会人デビューしてくるメンバーにとってはこういった仕組みも、そもそも初めからあるもので、ある種当たり前のものとなっていきます。

一方、一定程度の社会人経験を踏んだ段階で働き方改革が法整備された世代は急に変化を強要されたことで「そんなやり方では仕事にならない」とか、「そうは言ってもやるべきときはやる」とか、「自分がやりたいんだから好きなようにやらせてくれ」といった感覚を持つ人が後を絶ちません。

問題なのは、そういった働き方を「率先垂範」や、「自律的な仕事」と捉え、「背中を見せているのに、なぜアクションを起こさないんだ」と同じスタイルを若手に求めてしまうケースも後を絶たないことです。自分たちの時代は確かにそうだったかもしれませんが、今の若手からすれば、「昔はそうだったかもしれないけど、今は違うのでは？　何を変なことをいっているんだろう」と思っています。

いち早く変化に対応しなければ勝ち残れない時代へ

そうは言っても、実務の世界は理想的な状況ばかりではなく、ケースバイケースであるというのは、私自身も感じるところではあります。

一方で、客観的に見れば、今の時代のコンプライアンスを教えられて、それをスタンダードに働こうとしている若手に対し「まったく…最近の若いやつは」と言っても仕方ありません。

厳しく言えば、むしろ上司や先輩が「ルールを逸脱していること」のほうが問題であり、かつての働き方の都合がよい一部だけを切り出して主張しても、今後はただの「ルール逸脱自慢」となってしまうとも言えます。

こういった、働き方に関する考え方は、上司、先輩側は、思い切って頭を切り替えていかないと若手とのギャップは埋まりません。今の時代をスタンダードと捉えている若手から見ると、入ってみたら「この会社はおかしい」とか人事異動で「今度新しくきた上司はおかしい」と感じます。結果としてハラスメント系の問題への発展や、早期離職を招く原因となるなど、様々な問題を引き起こします。

人口減少社会において、「人物金情報」といった経営資源の中で、「人」を確保することの難易度はどんどん上昇していきます。

「人」に対する基準を常にブラッシュアップし、時代の変化にいち早く対応し、「人」の面を強みとしなければ、この先勝ち残ることは難しくなっていきます。

古の兵法家「孫子」の有名な言葉に「彼を知り己を知れば百戦殆（あや）うからず。彼を知らずして己を知れば1勝1負す。彼を知らず己を知らざれば戦う毎に必ず殆うし」というものがあります。「自身を知り、相手を知ることで戦いに勝つことができる」というものです。一方で「自分のことはわかっていても、相手のことを知らなければ勝ったり負けたり、両方わかっていなければ、そうそう勝つことはできない。」と説いています。

「若手部下を育成する」という戦いにおいて、自分のことを客観的に把握するとともに、相手がどのように感じ、どのように考えているかをしっかりと知ることが重要となります。

次章では、「実際にどうすればよいか」を考えるため、若手が本音ではどう思っているのか」を、調査結果をもとに分析していきます。1人ひとりの若手をじっくりと観察し対話し、その実態をつかむことが大切ですが、大きな傾向をつかんでからのほうがわかりやすいので、まずは定量的な分析を見ていきましょう。

第2章　若手部下の本音について考える

――肯定的に感じる上司先輩像

1　働き方についての本音

仕事に求めていることは

第2章では、実際に若手部下がどのように感じているのかを捉えていくために、今回行った独自調査の結果を元に、定量的な分析を進めていきます。調査の概要は次となります。

調査方法：インターネット調査
調査規模：２６０６人（男性約44％・女性約56％）
対象年齢：22歳〜25歳
居住地域：日本全国
（主要構成　関東約35％・中部約19％・近畿約18％・九州約10％・その他18％）
回答方式：各設問とも選択肢を設け、複数選択可としています
※調査結果データは、弊社ＨＰよりダウンロード可能です。
ｈｔｔｐｓ://ｋｙｏｄａｉｓｈａ．ｃｏｍ

大きくは大学をでて「入社1年目から3年目まで」の層に重点を置き、「①仕事に求めていることや、やりがい」について、「②上司や先輩についての肯定的なイメージ像」、「③上司や先輩について否定的なイメージ像」の３点について質問を投げかけています。

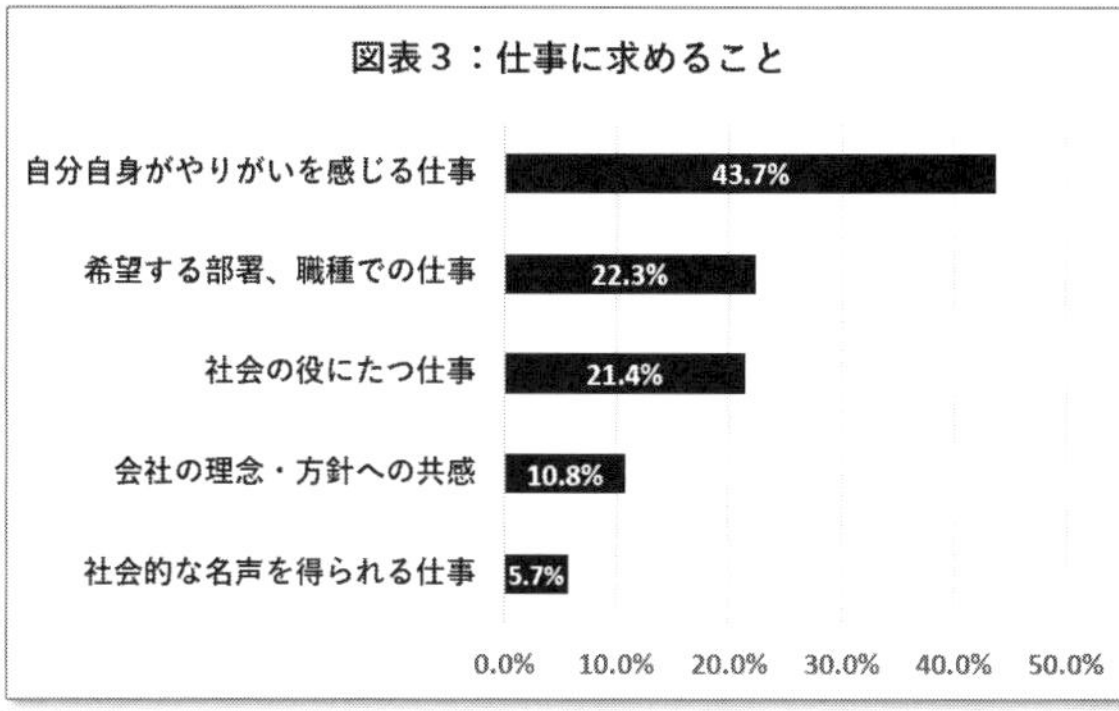
図表３：仕事に求めること
自分自身がやりがいを感じる仕事
43.7%
希望する部署、職種での仕事
22.3%
社会の役にたつ仕事
21.4%
会社の理念・方針への共感
10.8%
社会的な名声を得られる仕事
5.7%
0.0%
10.0%
20.0%
30.0%
40.0%
50.0%

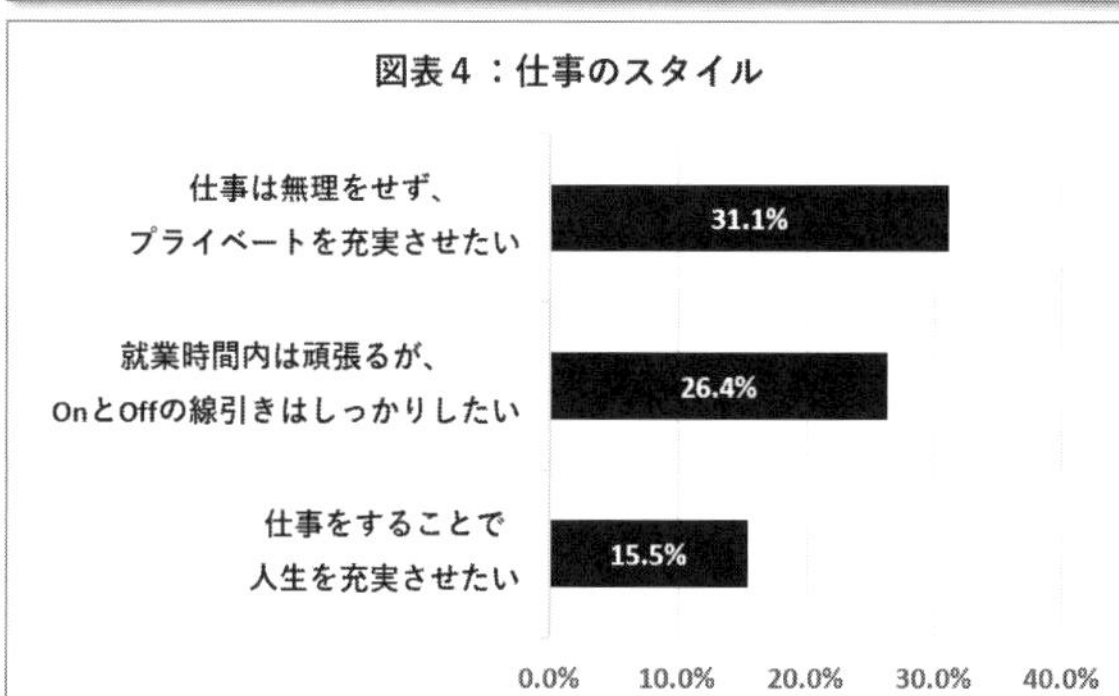
図表４：仕事のスタイル
仕事は無理をせず、
プライベートを充実させたい
31.1%
就業時間内は頑張るが、
OnとOffの線引きはしっかりしたい
26.4%
仕事をすることで
人生を充実させたい
15.5%
0.0%
10.0%
20.0%
30.0%
40.0%

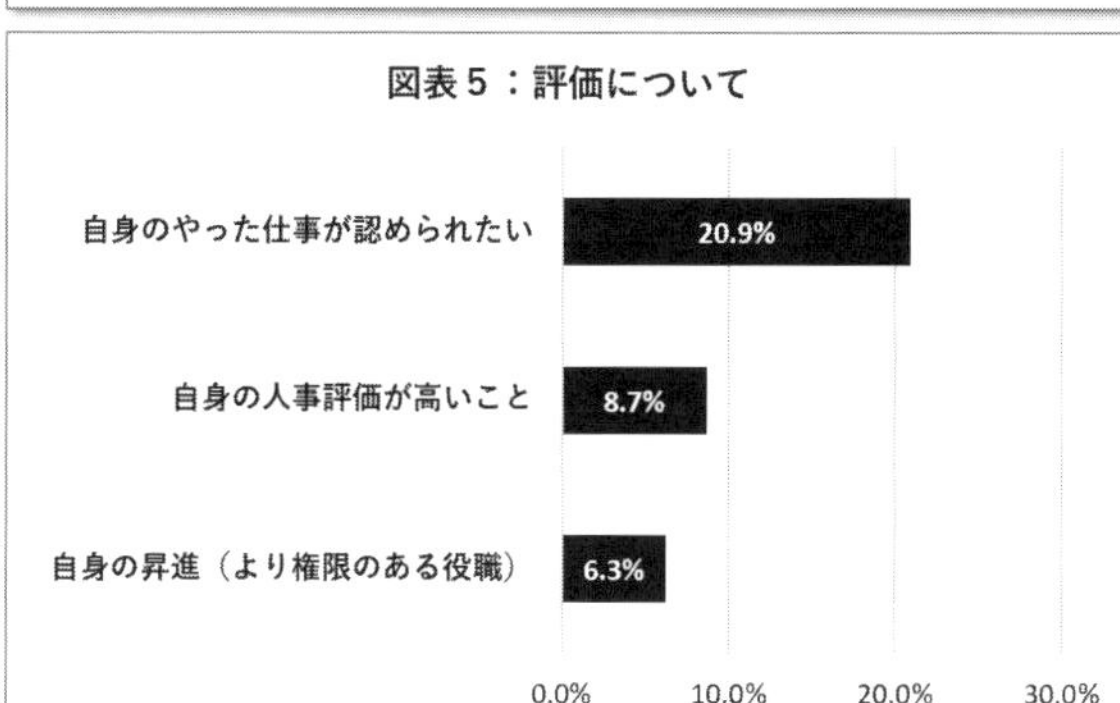
図表５：評価について
自身のやった仕事が認められたい
20.9%
自身の人事評価が高いこと
8.7%
自身の昇進（より権限のある役職）
6.3%
0.0%
10.0%
20.0%
30.0%

では早速調査結果を見ていきましょう。

図表3を見てください。圧倒的に高い回答を得たのが、「自分自身がやりがいを感じる仕事」であり43・7％となりました。次いで「希望する部署、職種での仕事」が22・4％、「社会の役に立つ仕事」が21・4％、「会社の理念方針への共感」は10・8％となっています。

面接の場ではなかなか言えない本音なのでしょう。理念や方針といった「そもそも何のために仕事をしているのか」という使命感よりも、まずは「自分自身がやりがいを持てること」が重要視されていることがわかります。本書のテーマである若手部下の育成という角度から見ると、若手部下に「はっきりと、やりがいを感じさせることが重要である」ということを示しています。

あなた自身の経験を振り返ると、はっきりと「やりがい」を感じたのは「どんなこと」で、それは「どんなタイミング」だったでしょうか。初めは単純に楽しいでもいいでしょう。徐々にその仕事がもつ「本質的なやりがい」にスポットを当てていきます。あなたがすべきことは、若手部下がやりがいを感じる場面を意図してつくり、できるだけ早い段階でその経験をさせることです。偶然その場面に遭遇することができることもあるでしょうが、育成をしていくという意味では、狙って仕掛け、少しでも早く実感させることが重要です。

一方で、「会社の理念方針への共感を、若手社員はあまり感じていない」という点も注意しなければいけません。入社後、実際に働く現場に出ると覚えることが山ほどあり、次から次へと仕事が迫ってきます。こういった状況の中で、日々の業務に流されていくと、理念や方針が意識から抜け出てしまうことも多くなります。担当する仕事が「誰のどんな役に立っているのか」、「お客様にどのように喜んでもらいたいか」といった本質的なことを見失ってしまいがちです。しかしそうなってしまうと成長速度が鈍っていきます。「事業そのものの使命に対する共感」と、「個人のやりがい」をリンクさせていくアプローチが重要となります。

この２つがつながっていないと、「別に今の会社でなくても、個人のやりがいは追求できるな」となってしまいます。「苦労して手塩にかけて育成したのに」という結果にならないよう、この両面を追っていくことが重要です。

こんな働き方をしたいと思っている～仕事のスタイル

次は図表４です。同じ質問に対し、選択肢は仕事のスタイルについてを論点としています。

１位は「仕事は無理をせず、プライベートを充実させたい」で31・１％でした。続いて、「就業時間内は頑張るが、ＯｎとＯｆｆの線引きはしっかりしたい。」で26・４％、３番目に「仕事をすることで人生を充実させたい」で15・５％でした。「そもそも仕事は無理をせず、プライベートの充実を重視している派」が全体の３分の１を占めています。

相手がどのスタイルなのかを見極めて適切な対応をしていくことが求められますが、プライベート充実派の場合は、まずは図表３で論じた仕事の面白味を感じさせる仕掛けが重要です。この感覚を持つことができて初めて、この後の様々な取組みのスタートラインにつくことが可能になります。

評価はあまり気にしていない

図表5の選択肢は自身に対する評価についてです。1位は「自身のやった仕事が認められたい」で20・9%でした。「自身の人事評価が高い」はわずか8・7%、「自身の昇進（より権限のある仕事）」は6・3%とさらに下がります。

「やった仕事が認められたい」という気持ちはあっても、「評価や昇進にはほとんど興味がない」ということが定量的にもはっきりとでています。評価や昇進に興味がない、つまり外発的動機づけ（平たくいえば「ご褒美」）では、相手のモチベーションは高まらないということです。

また、評価を気にしていないということは、同僚との競争意識も働きにくい状況といえます。「先に上がるのは自分だ！」という思いのあるなしで、モチベ―ションが上がる引き金はまったく異なります。

人事評価や昇進といった「ご褒美に興味がない若手部下」のやる気を引き出すためには、「仕事を認められたい」という思いにアプローチする必要があります。つまり平素からより密にコミュニケーションをとり、若手部下が実施する仕事をよく観察し、タイミングよく声かけ（褒めてあげること）をすることが重要になります。

仕事の計画を共有し、進捗管理を定期的に行う仕組みをつくり、よいプロセスを踏めたときには、すかさず一声かけましょう。自分の中で迷いながら行動している段階でも、承認されることで喜びを感じることができます。

図表６：労働環境で重視すること

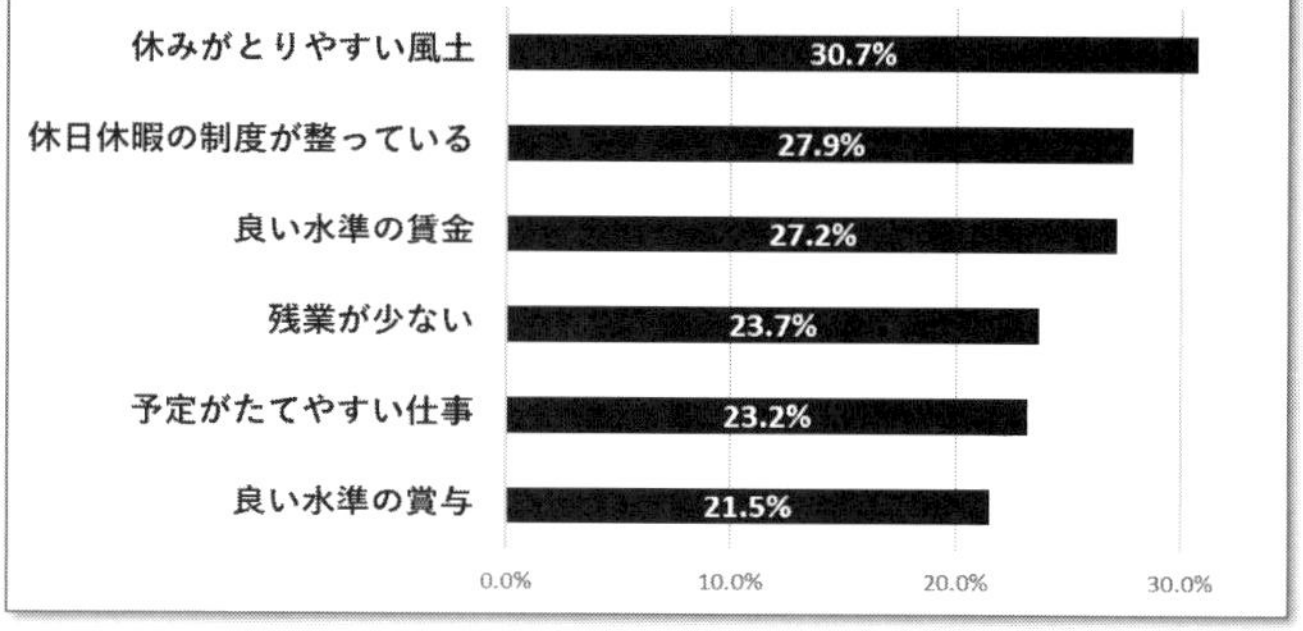

重視しているのは休みの取りやすさ

図表6を見てみましょう。こちらは休日や賃金など労働環境についての選択肢です。1位は「休みがとりやすい風土」で30・7％、次いで「休日休暇の制度が整っている」が27・9％です。3位に「良い水準の賃金」が27・2％と、ここでやっとお金の話が登場します。この後「残業が少ない」23・7％、「予定が立てやすい仕事」23・2％、「良い水準の賞与」21・5％と続きます。

さて、このデータを見ると、お金云々よりも「休み」重視であることが見て取れます。1位に「休みが取りやすい風土」が挙がっているのを見ると、仕組みとして制度が整っていることよりも、実際に休みを取れるかどうかを重視していると言えます。仕組みがあっても、実際に休日を取得できるかどうかは別問題であることをわかっていることが伺えます。

職場内の雰囲気として、「休みを取ることは悪いことではない」という雰囲気を醸成していかなければ仕組みがあっても効果は出ません。「働きたい」、もっと言えば「働き続けたい」と思える職場をつくっていくには、こういった点でも時代の変化に対応していかなければなりません。組織風土は自然発生的に産まれるものですが、組織文化は、こうありたいという姿を意図してつくっていくものです。

もしこれまで培ってきた風土が「休みがとりにくい」ものであったなら、せっかく採用した若手部下はなかなかいつかないでしょう。育成しようにも他のよい環境の職場を目指してどんどん抜けて行ってしまいます。しっかりと定着させ戦力化を進めていくためにも、新たな組織文化をつくっていく必要があります。

先人にとっては時代や法律が変わったという話ですが、これから社会に出てくる世代からすれば、最初から今の状況がスタンダードです。今のタイミングで変わることができないと、若手がいつかない職場となり、組織の力は急速に衰えてしまいます。「自分たちが若いときはこんな甘えた状況ではなかった」といった発想をしていると、時代の変化に飲み込まれてしまうので注意が必要です。

2　代表的なのはこんなタイプ

若手部下のキャラクター

調査結果から若手部下のキャラクターイメージが見えてきます。ここではいくつか代表的なタイプのプロファイリングを考えていきましょう。

①仕事ワクワク派

今の業務に「やりがい」を感じて仕事を楽しむことができているタイプです。希望する職種や関心の高い業務の担当につくことができていることもあるでしょう。特に趣味趣向を含めた、個人の興味が高い分野や、感覚的に面白いと思うことには自ら進んで取り組みます。新たな知識や技術を習得することにも積極的な姿勢を示し、休みの日でもプライベートの充実も兼ねて研究に励みます。そこまでする理由は単純に楽しいから。趣味と実益を兼ねていえます

一方で、評価や出世には直接的にはあまり関心を持っていません。「出世するために頑張る」という概念はあまりなく、あくまで自身が好きなことに没頭したいという思いで、その実践を通じ、力を発揮していきます。また「役職につくこと」で自分がやりたいことがもっとできるのであれば、拒否反応は示さず、前向きに取り組むこともできます。「チームを率いることで、１人ではできない大きなことに取り組むことができる」あるいは「決裁権を持つことで、より自身がやりたいことを充実させることができる」といった要素に気がつけば、仕事への取組み方が変わってきます。

また、人事評価はあまり気にしていなくても、取り組んだ仕事の内容については、多くの人に注目されたいと思っていますし、認められたいとも思っています。頑張って真剣に取り組んでいるからこそ、内容について褒められると大きな喜びを感じます。

組織の中での将来性を考えると、最も大切にしたいタイプではありますが、残念ながら数が少ないのが実態です。しっかりとコミュニケーションをとって大切に育てていきましょう。

②ワークライフメリハリ派

就業時間内は一生懸命仕事をし、成果もしっかり出してくるものの、一定以上は「のめり込まない」ちょっとクールなメリハリ労働タイプです。

仕事がプライベートの時間帯まで浸食するような働き方は好みません。一方で成果はきっちり上げたいと考えているため、時間内でしっかり仕事をこなせるよう、効率を高める工夫をすることにもたけています。

気合いと根性を重視するタイプの働き方は不向きで、強要すると表立って反発することもしばしばあります。他のメンバーが遅くまで頑張っていることを褒めたたえられているシーンなどに出くわすと、「効率よく仕事をする努力をしてないのが問題だ」と感じ、同じレベルで論じられることを嫌います。足で稼ぐタイプの仕事を求める上司とは相性が根本的に悪く、言えばいうほど逆効果となってしまいます。

チームで仕事をすることそのものには反発しませんが、効率を上げる工夫をしないで、要領が悪いメンバーの終わらない仕事を「応援体制を組んでみんなでカバーすること」はあまりよく思っていません。

また、目の前の中間管理職をよくない意味で「大変そうだな」と見ていて、「報われないポストだな」などと感じ、自身が役職につくことに対し魅力を感じていません。むしろ「勘弁してください」と思っているのが本音です。そのため、「そろそろお前も○○な時期だな」といった感じで、マネジメント職へのステップアップを匂わせるような声かけをされることを嫌います。

正直なところ「仕事はきっちりやるけれど、変に期待はしないでほしい」と思っています。言い換えれば、「できれば生涯1プレイヤー」でいたいと考えているタイプです。

一方で仕事そのものについては、一生懸命情熱を注いでいるので「できる」「優秀だ」と思われたい側面を持っています。自尊心は高いのです。しかし出世に興味を持ってないため、できるやつだと思われたい反面、昇格への推薦といった人事評価はあまり意識していません（都度都度のA、Bといった判定はプライドがあり、ひそかに気にしています。よければホッとし、クールなオーラを出し、悪ければプライドを保つため、そんなの気にしていないという態度をとります）。

そのため、上長への対応や、平素の立居振舞いが不遜な態度であるケースもしばしばです。品行方正、一生懸命型の部下を好む上司からすると、わかってもらおうと、投げかけをしますがなかなかわかってもらえません。何故なら本人は、「いい子ちゃんになって出世コースに…なんてことになったら余計にうざい」と思っているからです。組織にとっては、なんとか少しでも責任ある仕事につけていきたいと考えますが、どのようにアプローチするかが悩ましい側面もあります。上長から見ると正直ちょっと面倒くさいタイプです。

本人にとって合理的な魅力があるキャリアプランを示していくことが有効です。「えっそうなの？」と本人の興味を引くような説明をしていきましょう。役職につくことを嫌がっているため、人事制度等に関する知識が浅いケースも多く、役職についたあとどのような賃金カーブになるかにも詳しくありません。「初級管理職についたタイミングだと確かに○○円くらいだけど、その後の上がり方が変わるから、○歳で○○くらいまでいけば○○円くらいになるかな。担当のままだとあまり変わらないけどねぇ」といった感じでインプットしてみましょう。

役職につくことについて興味がないとはいっても、待遇まで調べた上でそう言っていることはあまりありません。こういった情報をインプットすることで、考え方が変わる場合もあります。制度説明を聞いて、「役職についても○○円しかあがらないなら、やらないほうがいいか」と短絡的に判断しているケースも多々あります。この辺りの話はキャリア初期はあまり詳しく聞かされないことが多いので、伝え方には気を遣いますが、このタイプにはしっかり説明をすることが効果的です。

③ワークよりライフ優先派

働く理由はプライベートを充実させるためと周りに言い切ってしまって、疑問を感じないメンタルの持ち主です。就職氷河期世代と環境が異なり、引く手あまたな状況しか体験していないので、各社から来てくれと誘われ、自分が会社を選んだと思っています（実際に選択したという意味では間違っていません）。そのため極端に言うと、会社が自分のために色々してくれるものだと思って入社してきている側面もあります（方々で聞く生声です）。

氷河期世代は就職活動で苦労し、「やっと入れた会社」という感覚値を持っていましたが、そういった感覚は実際弱いです。一方で、「自分で選択して入っている」ので目を輝かせてはいます。選択の根拠の追求が弱く具体性は欠けているものの、希望が叶って入社しているため、漠然とした社会人デビューへの期待感があり、なんとなく目をキラキラさせています。この状態を上手く活かし、やりがいを感じさせ、自律的に仕事をしていってほしいタイプです。

しかし、研修が終わり現場に入ると、「なんだか大切にされていない？」と徐々にギャップを感じていきます。ギャップが発生する理由の１つは、上司や先輩が自分のことを最優先に見ていないことがあります。研修中は厳しくも優しくも、自分たちを主としてみてくれています。しかし当然ですが実務に入ると、そもそも「お客様」をメインに考えています。お客様によりよい商品サービスを提供することが仕事の目的であり、そのためにメンバーがいるのですが、ここまで自分たちが主として扱われてきているので、大事にされてないように感じます。

そもそも入り口の段階で乞われて入ったという感覚を持っているので、あまり職種のやりがい等についても深く考えていません。本人自身の自己分析や価値観分析も甘めです。そのため具体的に○○がしたいという思いが弱く、抽象的な希望や夢に留まり、本人自身もスイッチの入れ方がわからず、受け身になりがちです（「本当は一生懸命やりたいし、自ら考え行動もしたいのだけど、どうしたらよいかわからない」といったケースも多くあります）。結果として、若干プライドが邪魔をしていることもあり、「指示してくれればやりますよ」という指示待ち型になっていきます。

上司や先輩（指示を出す側）からすると、こと細かに具体的に指示をしないと仕事の質が上がらないタイプです。「ここまで言わないとできないの？」と思いますし、「ここまで言えばやるにはやるんだ」と思うこともあります。「正直ちょっと面倒くさい」というのが心の声であり、「自分でやったほうが速い」と感じます。

その結果、本人への期待値が下がり、教えるスピードや情熱も下がっていきます。本人は受け身な態度ですから、求められたことだけをこなしていきます。あまりやる気もあがりません。仕事の楽しさまで辿りつかないので、「まぁ仕事なんでこんなもんか。プライベートを充実させればいいか」となっていきます。

かくして、本人はそれなりに働いているつもりになっているわりに、自律性をもって自ら考えて行動する段階にいたらず、上司や先輩からすると物足りない若手になっていきます。徐々にお互いの関係が悪い意味で安定し、なかなか前に進まなくなっていきます。

本人の理解が進まず、働き方改革等の時代の世間の声を誤って解釈していきます。お客様の都合や、取引先との信頼関係よりも「自分の休み」を軸に仕事を組み立てることもしばしばです。このままさらに症状が進行すると、プライベートを充実させたい欲求に偏り、そのためのお金はもっと欲しいと思いはじめます。そして「転職すればもっと待遇が上がるかも」と淡い期待をいだくようになっていきます（次の職場にいっても同じことを繰り返すでしょうが）。

苦労して採用した若手がこんなルートを辿ってしまっては相互に不幸です。職種としてのやりがいへの気づきを促すなど、まずはしっかりとスタート地点に立たせることに気を遣い、丁寧に引き上げていくことに注力し、段階を追って戦力化していくことを考えていくことが重要です。プライベート重視傾向は年々強まっていったとしても、社会人デビューに対し、希望も少なからず抱いています。初期段階で丁寧に拾い上げ、導いていくことが重要です。

若手が仕事に求めていること

ここまで、入社１年目から３年目の若手の働き方の本音について分析をしてきました。最後に得票が特に高かったポイントを確認しておきましょう。

・自分自身がやりがいを感じる仕事　43・7％
・仕事は無理をせずプライベートを充実させたい　31・1％
・休みがとりやすい風土　30・7％
・休日休暇の制度が整っている　27・9％
・良い水準の賃金　27・2％
・就業時間内は頑張るが、ＯＮとＯＦＦの線引きはしっかりしたい　26・4％
・残業が少ない　23・7％
・予定がたてやすい仕事　23・2％
・希望する部署、職種での仕事　22・3％
・良い水準の賞与　21・5％
・社会の役に立つ仕事　21・4％

・自身のやった仕事が認められたい　20・9％

以上が20％を超えた選択肢です。現在の世の中の状況を反映した結果になっているのではないでしょうか。よし悪しはともかく、本音の部分で若手はこんなことを思っていることをまずはグリップしましょう。その上で、育成を図る際にどのように導いていくかを考えていくことが重要です。

3　肯定的に感じる上司や先輩像

こんな風に接してほしい

2つ目の設問は職場の先輩や上司について、「こんな人だといいな」という肯定的なイメージについて尋ねたものです。では早速みていきましょう。

図表7は上司や先輩との接し方についての選択肢です。1位は「自分にも厳しいが、メンバーにも言うべきことは毅然と言う」が29・2％となったことに対し、「自分に厳しく、メンバーにはあまりものを言わない」が11・1％でした。

この数字を見てどう感じるでしょうか。〇〇ハラスメントという言葉が飛び交う中、「ものが言いにくい状況になっている」という話を耳に挟むケースが増えています（新入社員研修でも「直接厳しく言えないので、外部講師からビシッと言ってくれ」という要望もしばしばあがります。「鬼軍曹役をやってくれ」などというオーダーを受けるケースもあります）。

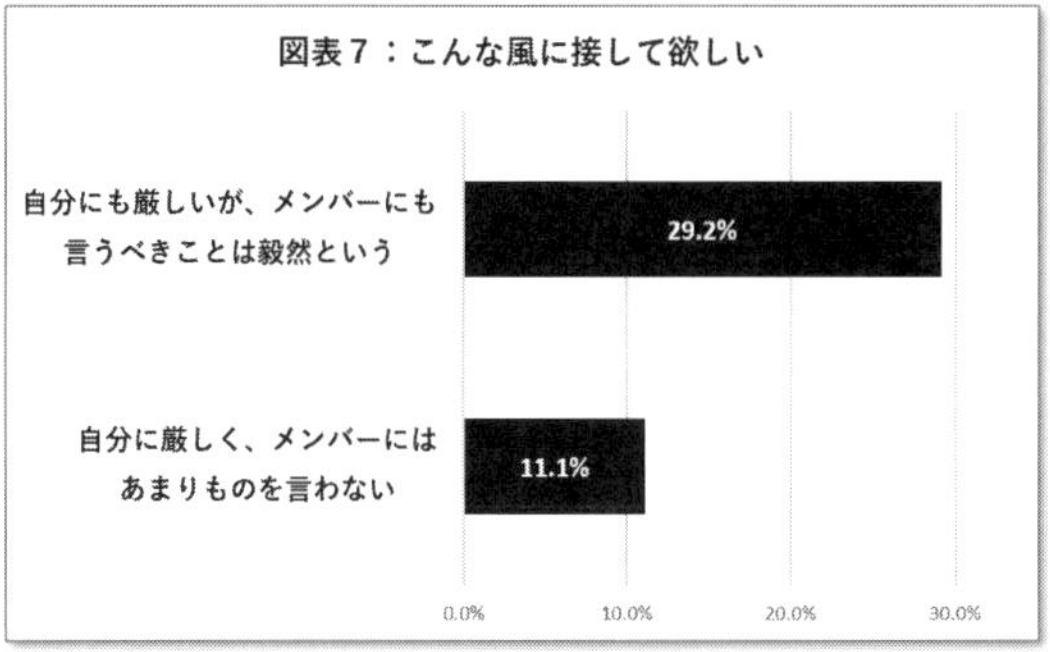

図表７：こんな風に接して欲しい

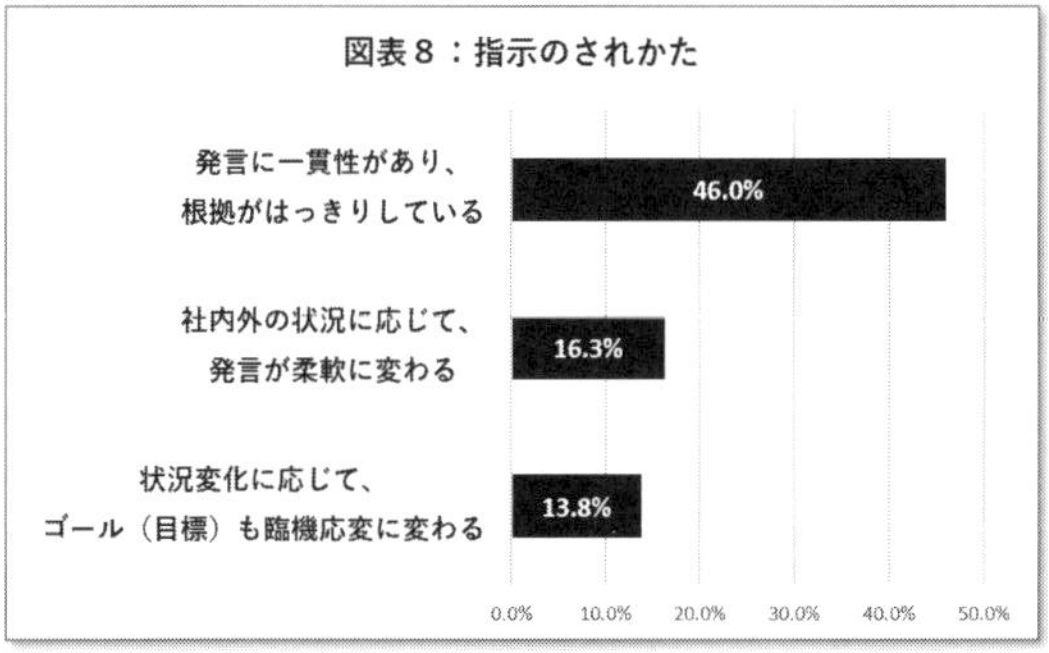

図表８：指示のされかた

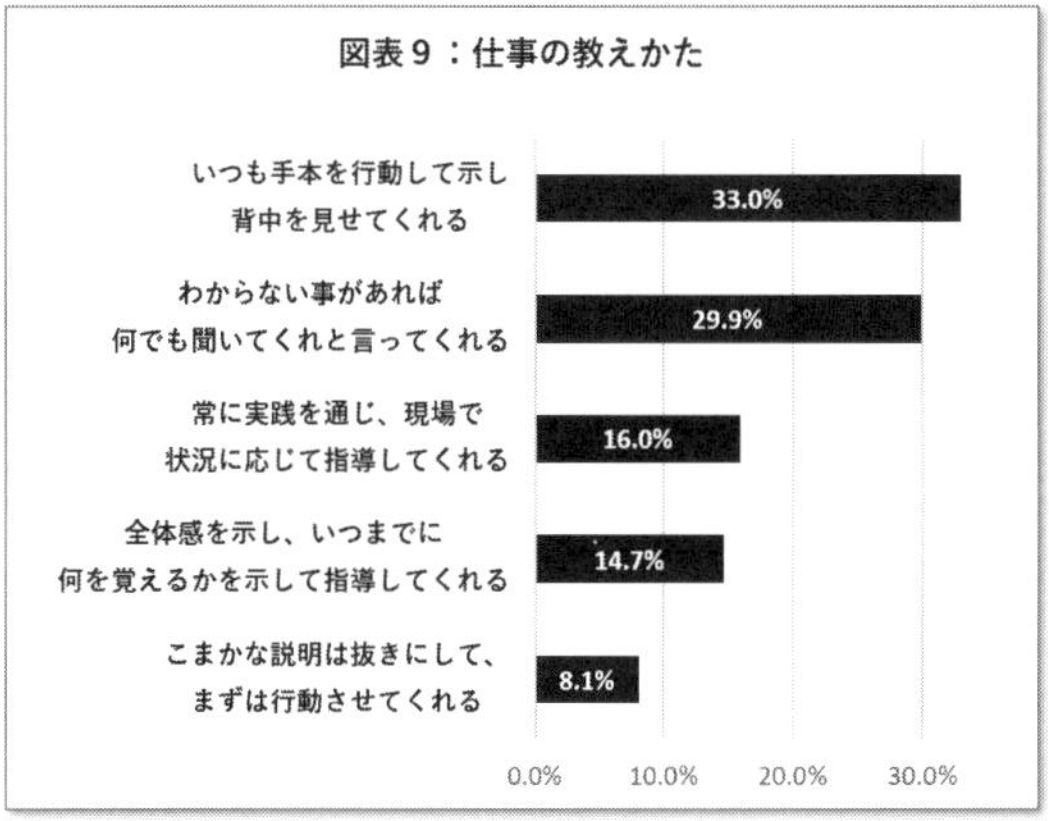

図表９：仕事の教えかた

一方で、若手から見ると「言うべきことは毅然と言ってほしい」と思っていることが伺えます。もちろん「所属メンバーに対し公平に毅然と」という意味ですので、若手自身が自分にだけ毅然と接してほしいと思っているわけではありません。本人を含む全員に対し、必要なことははっきりと言ってほしいわけです。キャリアの長い人に遠慮してものを言わない、あるいは言いやすい人にはものを言うが、言いにくい人には遠慮してものを言わないといった行為にストレスを感じていると取ることもできます。「必要なことははっきりと言ってほしいと思っているんだ」ということはしっかりと意識しておきましょう。

こんな風に指示されたい

図表8は指示や発言のスタイルについての選択肢です。1位は「発言に一貫性があり、根拠がはっきりしている」で46・0％、その後は大きく開いて、「社内外の状況に応じて柔軟に発言が変わる」16・3％、「状況に応じてゴール（目標）も臨機応変に変わる」13・8％となりました。

「一貫性」、「根拠」といったキーワードに敏感に反応し、高い支持を受けました。目的意識を持って一定の判断基準を持っている人は、発言にも一貫性がありますし、根拠も明確です。

一方で、支持が集まらなかった2つは、よく受け取れば「柔軟性が高い」タイプとも取れますが、朝令暮改といった言葉で理論武装し、場当たり的に発言をしている人が多いのが実態です。

目的、基準が暗黙知のままで言葉にすることができていない、あるいは物事を感覚的に捉えているタイプで、若手部下に対する発言も常に不安定です。その結果、聞いている側からすると、「その時々によって言っていることが違う」あるいは「何故なのか根拠がわからない」となってしまいます。

若手部下からすると、いくら一生懸命指導されたとしても、「後から何を言われるかわかない」という状況では、頑張るどころか徐々に委縮していってしまいます。頑張っても頑張っても、その都度言われることが違うと感じていれば無理もありません。

また、教えている側が「根拠を持って言っている」と思っていても、相手に伝わっていなければ、根拠がまったくないのと変わりません。目的を意識し、ご自身なりに解釈して言葉づくりを行い、「目的に沿っているかどうかを基準としている」ことを常に説明していきましょう。

こんな風に仕事を教えてほしい

図表9は仕事の教え方についての選択肢です。1位は「いつも手本を行動して示し、背中を見せてくれる」で33・0％、次いで「わからないことがあれば、何でも聞いてくれと言ってくれる」が29・9％と高い支持を得ました。このあと支持率は下がって「常に実践を通じ、現場で状況に応じて指導してくれる」が16・0％、「全体感を示し、いつまでに何を覚えるかを示して指導してくれる」が14・7％という結果になりました。教え方の前にまず実際にやって手本を示してくれることに支持が集まりました。

山本五十六氏の人材育成の考えを説いた名言に「やってみせ、言って聞かせて、させてみせ、褒めてやらねば人は動かじ。話し合い、耳を傾け承認し、任せてやらねば人は育たず。やっている姿を感謝で見守って、信頼せねば人は実らず」というものがありますが、まさにこの冒頭の部分です。まずは実際にやっているところを見せることが重要であり、手本を示してくれるという行為に、教わる側も高い価値を感じているということです。具体的に「技」を示すことで敬意が生じるという効果もあるでしょう。「すごい！」と思えることで信頼関係も増幅されます。

次に挙がった「いつでも聞いて」は安心感が論点でしょう。特に初めのうちは、教わっている本人は「何がわかってないのかが、わからない」ため、「実際に何でも聞いていいよ」と言われても尋ねようがないという状況にあります。そしてキャリアが進んでいくと徐々に、「今更こんなことを聞けないな」という心理状態になっていきます。2年目、3年目とキャリアを積み重ねつつある際に、「いつでも聞いて」と言ってもらえると安心して尋ねることができます。手本を見せ、安心して質問できる環境を整えていきましょう。

4　望まれているのはこんな人～上司・先輩

肯定的な上司先輩像

調査結果を分析すると、肯定的な上司先輩像についても、キャラクターが浮かんできます。それそれぞれのプロファイルを考えていきましょう。

①上司編〜論理的毅然派

お客様満足の追求に向け、企業理念やビジョン、ミッションをチーム単位に咀嚼し、常に一貫して方向性を示し、キーワードを用いてわかりやすく全員に方針の浸透を図っています。発言には根拠があり、「なるほど、そういうことか。それなら○○をしてみよう！」と1人ひとりに思わせることを意識しています。

自分にも厳しいですが、チームに所属するメンバーにも「分け隔てなく言うべきことは毅然と伝えること」を意識しており、若手だけでなく中堅ベテランにも具体的に指示し、しっかりと方針を浸透させています（こういった点にも公平感を感じさせます）。一方で、同じ指示に対し、キャリアに関わらず、よい質の仕事をこなしたケース事例を全体に共有し、具体例を示し、ベテランから若手まで広くレベルアップを意識させます。

普段から感情のムラが少なく、メンバーからの相談事はしっかりと話を聞いた上で、助言をしていくスタイルです。わかりやすい言葉で、部下の成長を願って発言しているので、少々厳しいことを言うこともありますが、皆が慕っていて常に人が集まってきます。

1人ひとりが何にやりがいを感じているかを考慮し、中期的な目標設定を一緒に考えているので、成長のステップに応じてなにを努力したらよいかのアドバイスも具体的でわかりやすく示すことができます。結果として常にメンバーのやる気を引き出していくタイプです。

②先輩編〜面倒見がよい聞き上手派

後輩には、お手本を行動で示し、具体的にやって見せつつ、わかりやすい説明を加えることを大切にしています。自分の体験からも、特に仕事を習得している時期のメンバーには、1つひとつの仕事の立ち位置がわかるよう、点ではなく、線で全体感をもって説明することを意識しています。

常に自身が感じている「仕事のやりがい」について話をし、自身が仕事を楽しんでいることが伝わるように会話をしています。充実した仕事をしているオーラを身に纏い、後輩たちに憧れを感じさせ、身近な目標になろうと意識しています。

また、相談にいくと、本人が忙しいときでも、タイミングを調整して時間をとって話を聞いてくれるので、相談にいきやすいと言われています。

いかがでしょうか？　両者とも少々きれいすぎるかもしれませんが、求められているイメージではあります。あなたのキャラクターにあった部分を採用して、要素として取り入れてみてはいかがでしょうか。

肯定的なイメージを持つ上司、先輩像

ここまで、入社1年目から3年目の若手が持っている肯定的な上司や先輩のイメージ像について

分析をしてみました。最期に得票が特に多かったポイントを確認しておきましょう。
・発言に一貫性があり、根拠がはっきりしている　46・0％
・いつも手本を行動して示し背中を見せてくれる　33・0％
・わからないことがあれば何でも聞いてくれと言ってくれる　29・9％
・自分にも厳しいが、メンバーにも言うべきことは毅然という　29・2％
以上が20％以上取った項目です。この下は10％台の得票率となることから、上位項目に集中していることが伺えます。物事を分け隔てなく、根拠をもってはっきりと伝えること、わかりやすく模範を示すことがポイントです。

先にも紹介した孫子の兵法「彼を知り己を知れば百戦殆《あや》うからず。彼を知らずして己を知れば1勝1負す。彼を知らず己を知らざれば戦うごとに必ず殆うし」。これを今回のケースに置き換えると、「まずは若手の気持ちそのものをしっかりと捉えよう」ということです。今回の分析では、調査結果を基に傾向を見てきましたが、最終的には育成対象者1人ひとりの人物を捉えていくことが重要です。傾向として挙がった項目をヒントに育成対象者が「どのようなタイプ」で、「どのような考え方」の持ち主か、組合せを探ってみてください。

もちろん項目にない価値観も出てくるでしょう。「各世代が生きてきた時代」は、おおよそ共通点がありますが、「育ってきた環境」や「培ってきた経験」は個別に異なります。この掛け算で個々の考え方や価値観が決まってきます。

己を知る

さて、孫子の兵法にある、もう1つの切り口は「己を知る」です。これは上司、あるいは先輩であるあなたの自己理解のことを指しています。「得手不得手」、「なくて七癖悪い癖」などしっかりと把握することが重要です。

「メタ認知」という言葉をご存じでしょうか。「認知」とは「知覚・記憶・学習・思考」などを指しています。「メタ」とは「高次の」という意味です。つまり自分自身が認知していることを、高い次元から客観的にみることを示しています。「自分を見つめるもう1人の自分になって、どのような状況かを冷静に把握し、どうすべきかを改めて考えて行動しよう」という使い方です。忙しくなるほど、余裕がなくなるほど、人は視野狭窄に陥りやすくなります。周りを見ているつもりでも、また自分は見えているつもりでも、実際はなかなかそうではありません。

特に若手対応ということになると「最近の若いやつ」という感情が芽生え、自分自身を見つめる視点が欠けやすくなるケースが多いので注意が必要です。

「両者をしっかり把握し有効なアクションを起こすことができれば、百戦百勝、自分を知らなければ勝ったり負けたり、両方わかってなければそもそも勝てない」です

次の3章では、嫌がられる要素について、若手部下の本音に迫っていきます。己を知るという意味では、「なくて七癖悪い癖」のチェックにもつながります。若手部下との関係をいたずらに崩してしまわないよう、しっかりと捉えていきましょう。

第3章　若手部下はこんな上司先輩が嫌い

―否定的に感じる上司先輩像

1　仕事の進め方～人に厳しく、自分に甘い

本人に自覚がないケースに注意

こちらの設問は職場の先輩や上司について、「こんな人は嫌だ」というマイナスイメージを感じることについて尋ねたものです。では早速見ていきましょう。

図表10は図表7の裏返しの選択肢です。「人に厳しく言うことを自分はやっていない」が59・4％、「他人には厳しいが、自分には甘い」が53・6％という高い数値となりました。「誰しもこんな人は嫌だ」と言ってしまえばそうなんですが、指導教育を受けている立場だからこそ、こういった上司や先輩には敏感に反応するのでしょう。本人がやっていないようなことをあるべき論で若手だけが求められればストレスを強く感じても無理はありません。また「若手はまずここから」と指示を出し、「俺も若い頃はやらされたものだ」とろくに説明もせずに強要するのも同様です。若手側からすれば、時代錯誤だと思うでしょう。

一方でこの問題の困った点は、やっている本人達に自覚がないケースが多いことです。周りからみると「あの人は自分に甘い」と取られていても、自分はやっていると思い込んでいる、あるいは自身の自己評価としては自分にも厳しいと思っているケースが多いのです。あなた自身がこうなっていないか、自分を客観視してチェックをしてみてください。

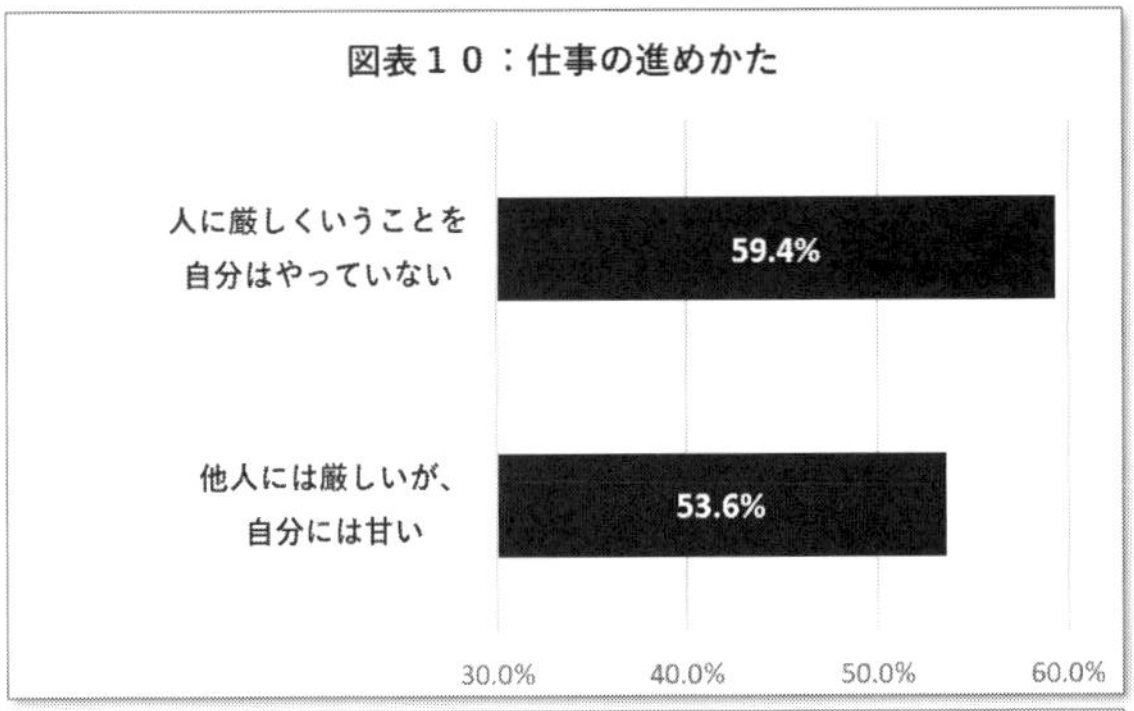
図表１０：仕事の進めかた
人に厳しくいうことを
自分はやっていない
59.4%
他人には厳しいが、
自分には甘い
53.6%
30.0%
40.0%
50.0%
60.0%

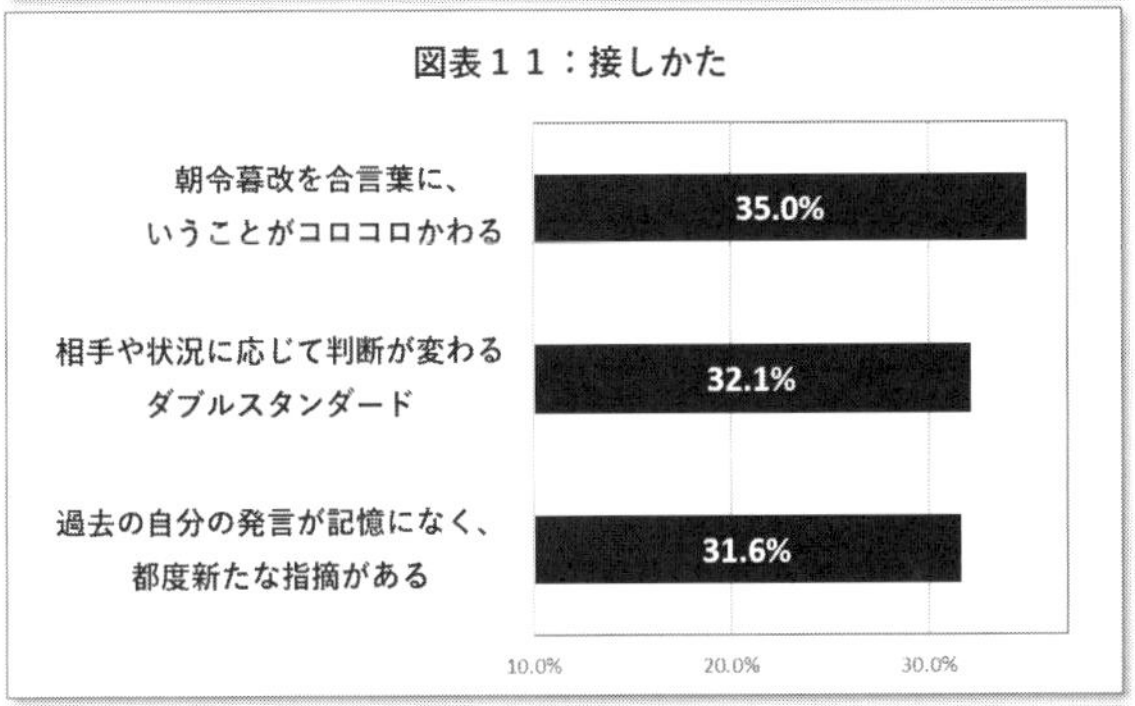
図表１１：接しかた
朝令暮改を合言葉に、
いうことがコロコロかわる
35.0%
相手や状況に応じて判断が変わる
ダブルスタンダード
32.1%
過去の自分の発言が記憶になく、
都度新たな指摘がある
31.6%
10.0%
20.0%
30.0%

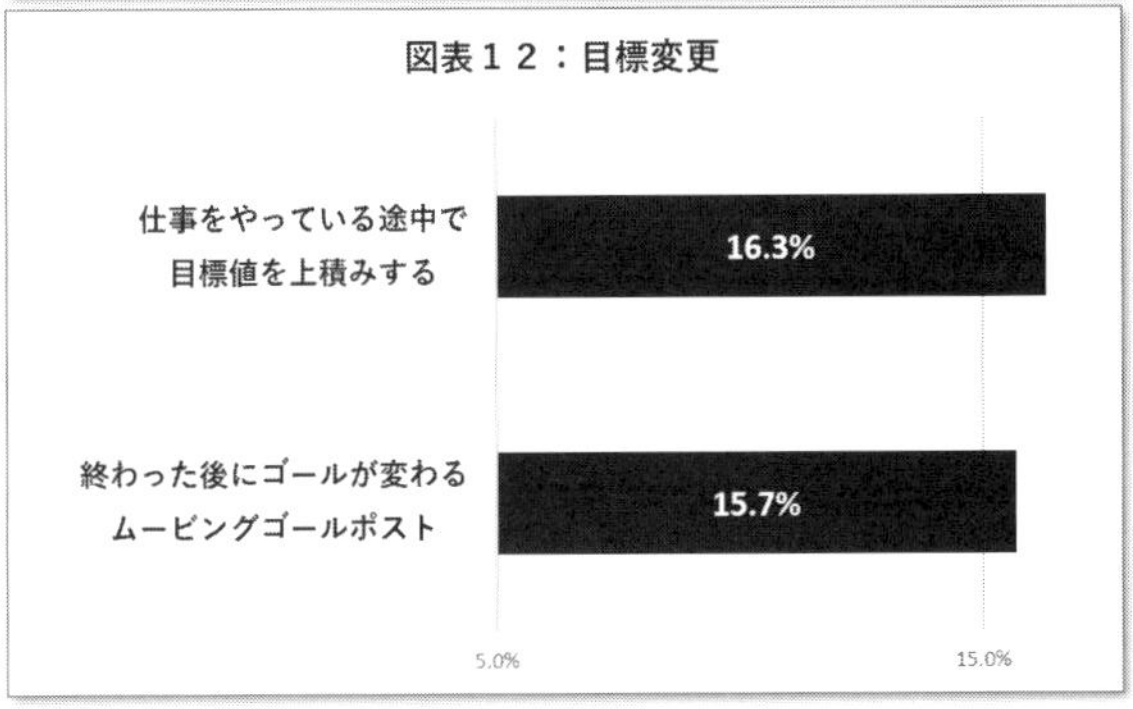
図表１２：目標変更
仕事をやっている途中で
目標値を上積みする
16.3%
終わった後にゴールが変わる
ムービングゴールポスト
15.7%
5.0%
15.0%

2　部下とのコミュニケーション

嫌われる接し方

図表11は人との接し方です。こちらは3項目とも高い数値となりました。1位は「朝令暮改を合言葉に言うことがコロコロ変わる」で35・0％、次いで「相手や状況に応じて判断が変わるダブルスタンダード」で32・1％、3位は「過去の発言が記憶になく、都度新たな指摘がある」で31・6％です。実際に上司だったらどれも非常に厳しいと思います。

根拠のない朝令暮改

朝令暮改とは、「朝に出した命令を、夕方にはすぐにそれと異なる命令を出す」ことを指しています。外部環境が劇的に変化するなど、変えたほうが状況に適合する場合は有効な手法であるともいえますが、多くの場合そうではありません。

「俺って朝令暮改だから」というタイプは往々にして、最初に支持を出すときに深く考えずに出しているため、後からまた別のことをひらめくと平気で指示を改めます。

本人が自分ですべてやるのであれば、「好きにすれば」という感じですが、上司がこうだと周りは必然的にその修正に巻き込まれていきます。自身が安易に指示を出していることを、都合のよい言葉で理論武装している気になっているだけです。早々に改善が必要だと言えるでしょう。

無自覚ダブルスタンダード

続いてダブルスタンダードについてです。最近出回っているわかりやすい表現として、「自分がやればロマンスだが、他人がやれば不倫」というものがあります。自分の場合と、周りが同じことをしたケースで明らかに考え方の基準が異なります。

例えば自分が部下と食事にいったとしましょう。「部下とのコミュニケーションだからこれは仕事だな」と領収書を切ります。一方、Aさんが取引先との懇親会にいってきた場合は「お前食べたんだろ？　こんなの承認できないな」といって印鑑を押さないという感じです。

普段はお客様満足を追求していても、期末になると突然業績目標について重点が切り替わるといった話も近いでしょう。「○○といったお客様満足を追求した結果としての業績だ」と話がつながっていないと、若手部下にとっては「期初は綺麗事を言っていても、期末になると結局数字を追求されるぞ」という解釈となってしまいます。話を相手に伝わるように1つの軸に乗せて説明し、しっかり理解させる必要があります。これができてないと意図せず、ダブルスタンダード扱いされてしまう恐れがあります。

もう1つ注意が必要なのは、この論点についても自覚症状を持ちにくいということでしょう。自分はそんなつもりはなくても、周りから見るとそうなってしまっているケースが多いです。朝令暮改ともども自身を客観視する、あるいは耳の痛いことを言ってくれるメンバーの声に耳を傾けるなど、あなた自身を客観視する仕組みを自分の中で持っておくことが重要です。

前に言ったことは覚えていない（記憶上書き型）

３つ目に挙げたのは「覚えてない」というパターンです。記憶上書き型の人に多いパターンです。日々の業務で自身の頭の中の情報や仕事の進め方に関する考えが更新されていき、以前どのような指示を出していたかについて覚えていないのです。もう少しいえば、過去のメモ等を振り返ってどのように指示していたかを振り返れば思い出すのでしょうが、そうはしません。

「昔の自分の考え方に価値がないと思っているため、過去のことは気にすらしていない」と言ったほうが正確かもしれません。自身が優秀なプレイヤーとして活躍してきた上司や先輩にとっては、むしろこういうスタイルで担当業務を管理するほうが成果につながると考えている可能性もあります。

過去の考えに囚われず、常に最善を尽くして計画・施策を見直していくスタイルであるため、仕事の精度が高まる機会も豊富です。高速ＰＤＣＡといった表現が当てはまるかもしれません。

一方でこれをやられた若手部下は、正直たまったものではありません。経験を積み重ね、状況が変化していることを感じ取れるようになれば、「自分が主担当であればこうするかな」と発想できるようになります。上司や先輩と「私はこう思いますが、いかがでしょう」と議論もできるようになるでしょう。一方でその領域に入る前はそうはいきません。「この前言われた指示に沿っていたら、ある日突然違うことを言われて怒られた。どうしたらよいかわからなくなった」となってしまいます。

まだ独り立ちしていない段階の若手部下に対しては、「先日は○○という状況だったから○○と指示したが、状況が○○に変化したので、指示を○○と改めるから、やり方を○○に変えてくれ」とここまで言う必要があるのです。

こういった話をすると、「そんな丁寧に扱われてこなかった」と感じる人のほうが多いかもしれません。しかし、「若手人材なんて取りたければいくらでも取れる」時代は既に過ぎ去っています。若手を定着させ、早期戦力化を求めるならば、こういった点を切り替えていくことが重要です。

3　目標管理のスタイル

嫌われる目標管理

図表12は、目標設定についての選択肢です。値そのものはやや低めです。「仕事をやっている途中で目標値を上積みする」が16・３％、「終わった後にゴールが変わるムービングゴールポスト」が15・７％となりました。

お前ならもっと頑張れるぞ、目標上積み型

職種によって、そもそもこういった場面には遭遇しないケースもあるかもしれませんが、実際

にしばしばあるのが目標値の変更です。「外部環境の変化によって、目標値を柔軟に修正する」というケースであれば、修正された側も特に違和感はないでしょう。一方で、目標が達成されそうな状況になったら、もっと頑張ってくれと上積みをするケースがあります。ひと昔前であれば、「上積みした分をしっかり評価するのでもっと頑張れ」という話であったと思います。むしろ「突出した評価を取るチャンスでもあるから頑張れ」とよい意味での励ましであったかもしれません。

ところが、先に触れた若手部下の価値観と、ギャップが発生しています。多くのメンバーがそもそも評価をあまり気にしていません。「もっと頑張れば、もっとよい評価が」と励ましても、肝心な「もっとよい評価」を望んでいない相手であれば、完全に空回りです。むしろもう目標は達成したのだから、その分プライベートの時間を充実させようと考えるほうが普通です。

もっとやれそうな部下に対して、「もっとやるとメリットが」ではなく、今回の仕事の仕方は○○の部分がよかったぞ。仕事って面白いよな」といったアプローチで本人のやる気を引き出すほうが効果的です。「楽しい」とか「やりがいがある」と感じさせるほうがまっすぐ進みます。若手部下がどんな気持ちなのかを考えてアプローチしていきましょう。

必達目標を上積みするムービングゴールポスト型

続いてムービングゴールポストです。「前者がもっと頑張れる」といった励ましであるという意味でいうと、必達目標クリア後の、チャレンジ目標の設定といえます。一方でこちらは必達目標の上積みです。基本的にはチーム全体の目標達成をしなければならない立場の人が、「できる人間にどこまでも求めていく」という状況に当てはまりやすいでしょう。他メンバーが目標を達成できそうにないマイナス幅を、仕事ができる人間に割り振り、全体の目標達成を図ります。本人の立場ではそれでＯＫですが、振られるほうはたまりません。

仕事の熟練度が低く、気合を入れても成果が出せないメンバーに仕事を教えて伸ばしていくのは時間がかかります。そのため、「できる人にもっと頑張ってもらおう」という発想になります。忙しい人にますます仕事が集まっていく職場状況となります。結果としてどうなるか。仕事ができる人は常に仕事を上積みされ続け、徐々に疲弊していきます。これが続くと「できる人から抜けていく」という状況になっていきます。

そして、それを見ている若手部下は、自分はそうなるまいと仕事をかわし続けるか、明日は我が身と感じ早めに職を転ずるか、いずれにしても「ろくなことがなさそうだ」と辞めていきます。そうならないように1人ひとりのメンバーとしっかり向き合い、安易な目標設定の変更をせずに進めていく必要があります。

これまで同様、ムービングゴールポストをやっている本人は、悪気はありません。自分のチームの目標達成に向け真剣に努力し最善を尽くそうとしているだけです。問題なのはその方法論です。無自覚でやってしまっている可能性もありますので、自身がこういったことをしていないか、注意しましょう。

4　仕事の教え方のスタイル

嫌われる仕事の教え方

図表13は仕事の教え方に対する選択肢です。1位は「俺が（私が）若い頃はこうだったと強要する」で37・1％、2位は「質問をすると論点をずらして煙にまく」で26・6％、3位は「仕事とは、体で覚えて、先輩の技を盗むものだ」で16・4％でした。

俺が（私が）若いときはこうだった（武勇伝型）

トップに立ったのは武勇伝型でした。年齢が離れれば離れるほどギャップが大きくなり話が通じなくなる中、キャリアの長い人ほど、かつての成功体験や働き方のスタイルをかたり、「こうやって仕事を覚えたものだ。お前も頑張れ」といった教え方をするケースが散見されます。自分が仕事を始めたばかりの頃、誰しも言われた経験があるのではないでしょうか。

しかし、時代の変化に伴って、その過去の体験が想像できないような状況になってしまうと、聞いている側は何を言われているのかよくわかりません。特に「上司や先輩がコミュニケーションを」と考え、「帰りに飲みにいこう」と声をかけたケースでは、特に「俺が若い頃は…という話」に花を咲かせるケースが多くなります。聞く側は「へーそうなんですか、勉強になります」と言うしか

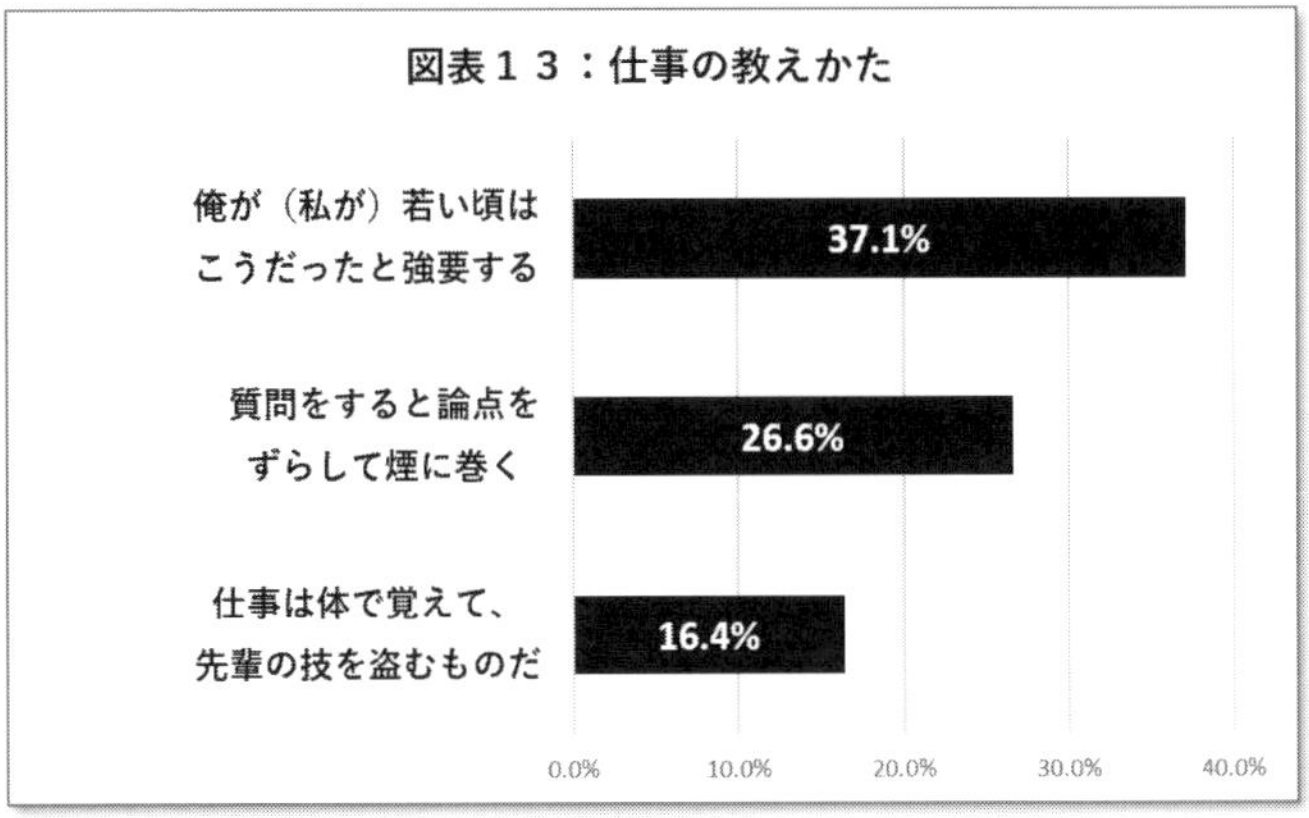

図表１３：仕事の教えかた

ない状況の中、話しているほうは自分が気持ちよくなってしまって、自慢話を聞いてもらっている状態に陥ります。宴席で武勇伝を語って気持ちよくなるのが目的であるならば、それはそれで問題はありません。

一方で理解をしておかなければならないのは、この場合、客観的に見ると、若手部下に聴いてもらうというサービスを受けている側にあるという点です。ここがわかっていれば、別れ際の言葉は、「いやーなんか昔話をしちゃってごめんな。さっきの体験談の活かし方については、飲んでないときに説明するよ。今日はありがとう」となるはずです。

しかしながら、「いやーいい話だっただろ。これだけ教えてやれば、明日から仕事できるようになっちゃうよな。また話をしてやるからちょこちょこ飲みにいこうな」。こんなやりとりになりがちです。若手部下からすると、「そんな昔の話をされてもどうしたらよいかさっぱりわからない」という内容で、教えたんだからできるよな」と言われても困るだけです。

世の中は自分が思っているより早く流れています。話をするのであれば、「時代背景として、市場の状況は○○といった感じで、当時の消費者の生活スタイルは○○な感じだったんだよ。ツール的には○○が使われていたんだ。その後○○くらいから技術革新で変わっていったけど、当時は○○だったから、こんな状況だったんだ。だからさっきの話になるんだよ。現在は背景が○○と変わってきているよね。そういった意味では方法論としては○○に変わってきている。この話のポイントは○○にあって、これは時代が変わっても発想としては普遍的だよ。あなたの担当業務に置き換えたとして○○については使えるはずだよ。試しに考えてみてごらん。うまく感覚がつかめなかったら、もう少し具体的に説明してあげるからいつでも声かけてね」とここまで言うべきでしょう。

もともと過去の時代を生きていないという意味では、昔のことは説明されないとわかりません。伝えたいことを噛み砕いて相手がわかるように伝えて初めて効果があります。それができないのであれば、「むしろ聞いてくれてストレス発散させてくれてありがとう」で留めないと相手にとっては有難迷惑です。サービスを受けたのなら、せめて割り勘はやめましょう（笑）。

質問をすると論点をずらして煙にまく

2番目に上がってきたのがこちらです。「いつでもなんでも聞いて」と言っておきながら…というタイプです。若手から質問をされたときに、自らの中に明確な答えを見つけることができず、ぐだぐだと話をしながら巧みに論点をずらし、自分が知っているジャンルに話を逸らしていきます。

一生懸命説明をしてはいるので、傍から見ると一見真摯に教えているように見えますが、聞いている本人は質問したことに対する答えになっていないので、結局なんだかよくわかりません。

上司や先輩であったとしても、新しい状況であれば、ノウハウを持っていないことだってあります。「わからなければ、わからないから」とか「新しい事例だから」と説明して、一緒に考えればよいだけです。また、「○○さんが詳しいはずだぞ」と紹介することでもＯＫです。しかしプライドが邪魔をするのか、「聞かれたからには何か答えなければ」あるいは「知らないと思われてはいけない」と感じてしまうのか、論点をずらしてでも何かを答えるという場面が多く見受けられます。

本人にしてみれば、「なんとかその場を乗り切ったぞ」という感覚なのでしょうが、それ以上質問されなかったというだけで、部下からの信頼は確実に低下しています。お互いに時間を無駄にしないように注意しましょう。

5　その他、仕事のスタイル編

「その他、仕事のスタイル」で嫌われる上司先輩

図表14は「その他、仕事のスタイル」といった選択肢です。高かったのが、「ミスは部下のせいだが手柄は自分のおかげ」で45・6％、続いて「本人の気分を表にだす」が38・1％、「○○ハラスメントと批判されることを恐れてものを言わない」が12・3％でした。

ミスは部下のせいだが、手柄は自分のおかげ

いつの時代でも嫌がられるスタイルですが、45%を超えてくるというかなりの嫌われようです。悪気はなく、立ち回りでつい調子のよいことを言ってしまうタイプと、意図してやっているタイプに分かれます。

前者は結果が出た際に、都合よく会話を合わせていくタイプです。

「○○さんの今度の企画よかったね」と褒められたときに、「いやー最初はあんな企画じゃなかったんですが、私の指導であそこまで完成度が高まったんです。ここまで来るのは大変でしたが、お褒めに預かり光栄です」といった感じです。

「助言なんてこれっぽっちもしてないのに」という状況です。「さっき○○さんが部長にあんなこと言ってたよ」という噂が本人にも入り、信頼関係はガタ落ちになるパターンです。そんなこと気にしていないから言うのかもしれませんが…。

後者はしっかりと刷り合わせをしながら進めてきた仕事であっても、状況が厳しくなると「そもそも私は反対だった」と途中ではしごを外したり、会議の場で追求があったりすると「だから言ったじゃないか」と逆に攻撃側に回ったりするタイプです。だんまりで援護をしてくれないのはまだましなほうかもしれません。

一方で成功しそうな状況になると、自分が主導で進めてきたと主張し、周りに流布します。資料の作成者から部下の名前を外させて、自分の指揮下で、チームで取り組んできたと主張したり、

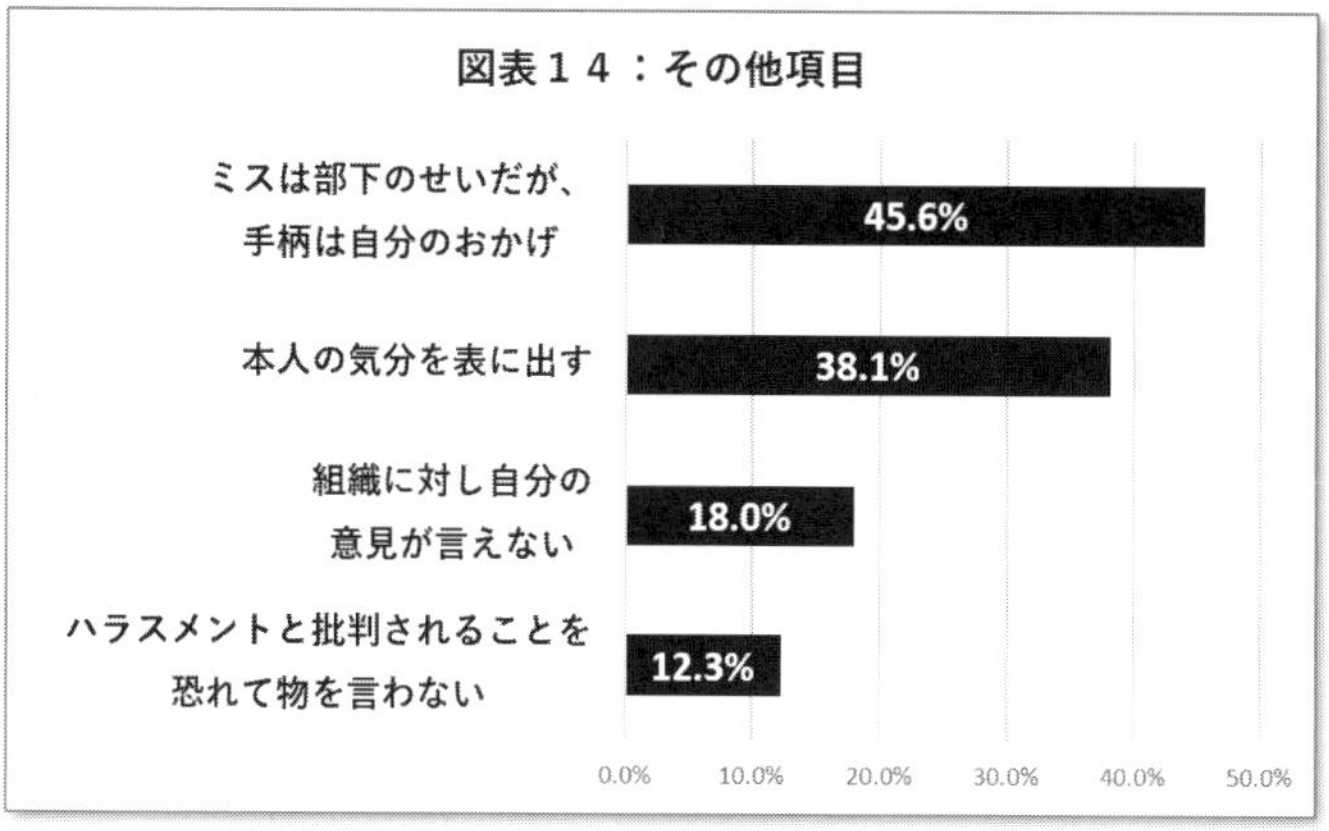

図表１４：その他項目

ひどいときは表紙を差し替えて自分の名前にしたり。「あーあれね。俺の名前で出しといたから。そのほうがプランそのものの通りもいいだろう」といった感じです。

周りにこういうタイプの人はいない方は幸せです。若手だろうがなかろうが、信頼関係という意味では最悪です。しかし、これだけの票が集まるということは、多かれ少なかれ「実際にこういったことを体験している」あるいは「見聞きしている」ため共感しているのです。このタイプ、本当にいるのです。

前者のように、無意識のうちにやってしまっているケースもあるので、この期に振り返ってみてください。部下との信頼関係を失わないように注意しましょう。

自分の気分丸出しタイプ

どこにでもいそうなこのタイプも、高い得票となりました。他人にやられたら誰でも嫌なことですが、本人には全く自覚がありません。自覚があってこういう態度なのであれば、根本的にやばい人でしょうが…。誰かと揉めたといった人間関係的なこと、自分のやりたいことが上手くいかないこと、下手をするとお腹がすいているといったことが表に出てしまうケースがあります。お互い人間ですから、多かれ少なかれこんなこともあるでしょう。

気分丸出しタイプも大きく2つに分かれます。1つは人に何か話かけられたタイミングでニュートラルな状態に切り替えが利く人です。席に座っているときに機嫌が悪いオーラを出していても、誰かに声をかけられると普段通りになれるタイプです。切替に少し間があったとしても、会話そのものは普段と同じように成立します。

もう1つは機嫌が悪いのが、そのままコミュニケーション上も出てしまい、相手にぶつけてしまうタイプです。症状がひどい場合は判断にも影響が出ます。「ごめん。さっきは機嫌が悪かった」と仕切り直せるならまだいいですが、それもできないタイプは人間関係に傷跡を残してしまいます。

私の周りには「○時頃はお腹がすいていて、機嫌が悪いから行かないほうがいい」なんて言われている人もいました。一定の法則があればまだいいほうです。「不規則である」あるいは「話しかけて初めて機嫌が悪いことがわかる」といったタイプは、さらに嫌がられます。若手からしてみれば、いつ話しかけたらいいのかびくびくしてしまいます。「いつでも聞きに来てね」と言われて聞きにいったら、ひどい目にあったといった体験をしてしまったら、もう話しかけてこなくなります。

自分は大丈夫だと思っていても、気づいていないだけかもしれません。周りの人に機嫌がでてしまっていないかいちど聞いてみましょう。

6　嫌がられるのはこんな人

嫌がられる上司先輩像

それぞれの調査結果を分析するといくつかのキャラクターが浮かんできます。嫌がられている典型的なタイプを考えてみましょう。

感覚的気分屋派

こちらは嗅覚で仕事をする狩人《かりうど》タイプです。経験をしっかりと積み上げているためノウハウは豊富に持っていますが、感覚的に理解をしており暗黙知のままになっています。そのため、わかりやすく人に伝えるのは苦手としています。

基本的にすべてのことに対し「ケースバイケース」と捉えており、状況を感じ取り直感的に物事を判断していきます。部下への指示や助言も同様で、言われる側からすると、判断基準があまりよくわかりません。本人は仕事ができるので、「俺ならもっとやれるけど」と目標を途中で上積みすることもへっちゃらです。すごい人だと尊敬はされていますが…。

なぜ部下や新人が「言ってることを理解できないのか」がわからないので、本人も対処しようがありません。その結果、どこか相手を見下しているように感じとられてしまい、気分を害されることもしばしばあります。優秀なエースプレイヤー型上司ともいえるでしょう。

悪気のない記憶上書き派

基本的には過去に自分が何を言ったのを、あまり覚えていません。状況の変化に応じて、どんどん記憶を上書きしていくある意味柔軟な側面を持っていますが、相手に求めていることも、状況の変化に合わせて更新していくため、言われる側はたまりません。「この前に言ってたことと違う」なんていうことは日常茶飯事です。むしろ「状況が変わったんだから、そのままのわけがないだろう。変化して当たり前だ」と気にも止めません。

こんなノリなので、そもそもムービングゴールポストも当たり前で特に問題があることだと認識していません。一事が万事この調子であるため、評価面談をしても話は安定しません。期初に言われたことを意識して頑張った部下に対して、期末の面談で「そんなこと言ったっけ？」という具合です。

話が違うと抗議されても、「もしかしたら期初はそんなことを言ったかもしれないが、状況はどんどん変わるんだから、求めることも変わって当然でしょう」と平気で言い切ります。

また変化対応力も含めて「本人は優秀」で、「言っている内容は正しいのだけど」というタイプと別に、「外圧」への迎合によって言うことが変わる風見鶏タイプが存在します。若手部下にとって「後者」はより危険でストレスフルな上司です。こうならないよう気をつけましょう

論理的自分大好き派

ある意味最もタチが悪いのがこれです。基本的に自分が大事で、本人にとって都合がよいか悪いかがすべての判断基準です。悪い意味ではっきりしています。しかも様々なアクションを意図的に、狙ってやっているので、部下にとっては、なおさらタチが悪いといえます。自身のリスクマネジメントは得意であるため、危険察知力が高く、ピンチはひらひらと上手くかわします（もちろん自分だけかわし切り、部下のことは気にしていません）。

また、「チャンス」や「よい話」があれば、美味しいところだけしっかりと持っていきます。どのタイミングで動くのが一番よいかも考え、狙って手柄を奪い取りにかかります。

普通は部下との信頼関係を気にしますが、そんなことより自分の損得が優先です。育成についてもメンバーが伸びれば「自分のおかげ」を宣伝し、うまく成長しないときは「本人の努力不足」とバッサリ切り捨てます。

一方で、表立っていじめるわけでもないので、相手が病んでしまったときは、「何かあったんだろうか」と心配（しているふり）をしてみせたりもします。悪質な面について自覚もしており、普段から「自分の見え方」をしっかり計算し、狙って行動しています。組織内で自己中心的というレッテルを張られないよう注意も払い、なかなか尻尾を見せません。

こんな人がいたら周りがなんとかしてあげないと、部下は病気になってしまいます。相互に協力してこういった上司・先輩につぶされないよう上手く立ち回りましょう。

データのまとめ

ここまで、若手がマイナスイメージを持つ負の要素について分析してきました。最後に得票の降順でポイントを確認しておきましょう。

・人に厳しく言うことを自分はやっていない　59・4%
・他人には厳しいが、自分には甘い　53・6%
・ミスは部下のせいだが、手柄は自分のおかげ　45・6%
・本人の気分を表に出す　38・1%
・俺が（私が）若い頃はこうだったと強要する　37・1%
・朝令暮改を合言葉に、いうことがコロコロ変わる　35・0%
・相手や状況で判断が変わるダブルスタンダード　32・1%
・過去の発言に記憶がなく、都度新たな指摘がある　31・6%

30%を超えた項目をピックアップしましたが、こういった態度やアクションによって、あなたと若手部下の関係は悪化していきます。若手部下育成を行うにあたり、相互の関係に不要なストレスを発生させることで、話が前に進まなくなります。自身では気づかずに、結果的にこういった態度になってしまっているというケースも考えられます。

自分を客観視する、あるいは他者の意見を聞くなどし、悪い癖がないかチェックをしてから若手部下育成にあたりましょう。

第4章　若手部下のモチベーションをあげるには

1 【対応準備】押さえておくべき前提条件

日本型新人採用の特徴を押さえる

海外では、経験や能力を考慮し、「職種×ポスト」に対して人を配置する「職務型」を取るケースが多いのが実態です。戦後から1960年代くらいまでは日本でも経済界を中心に、そうあるべきだという論調が展開されていました。しかし、日本の場合は「人に仕事がついている」ケースが多く、オイルショック前後から「職能（ポストについてる＝その能力を持っている）」という考え方に変化していきます。

結果的に日本では、人に仕事が付く状況からなかなか脱せず、潜在能力や、適正を考慮し将来性に重きを置いて採用活動が行われ、その後の経験等を考慮し役割を配しているのが実態でしょう。指導する側からすれば、よく言えば他の職場の癖がついていない、まっさらな素材の状態です。まだ何もできない状態で職場に入ってきます。この点については「かつて」と「現在」で激変はしていないでしょうが、前提条件として押さえておきたいのが、「あなた次第で何色にでも染まってしまう」ということです。

商品サービスを、よりたくさん生産することで成長を遂げていった「かつて」の時代は、同じ仕事を繰り返し「体にしみこませること」で個々の成長につながっていきました。組織風土に上手

【図表 15　日本の採用特性】

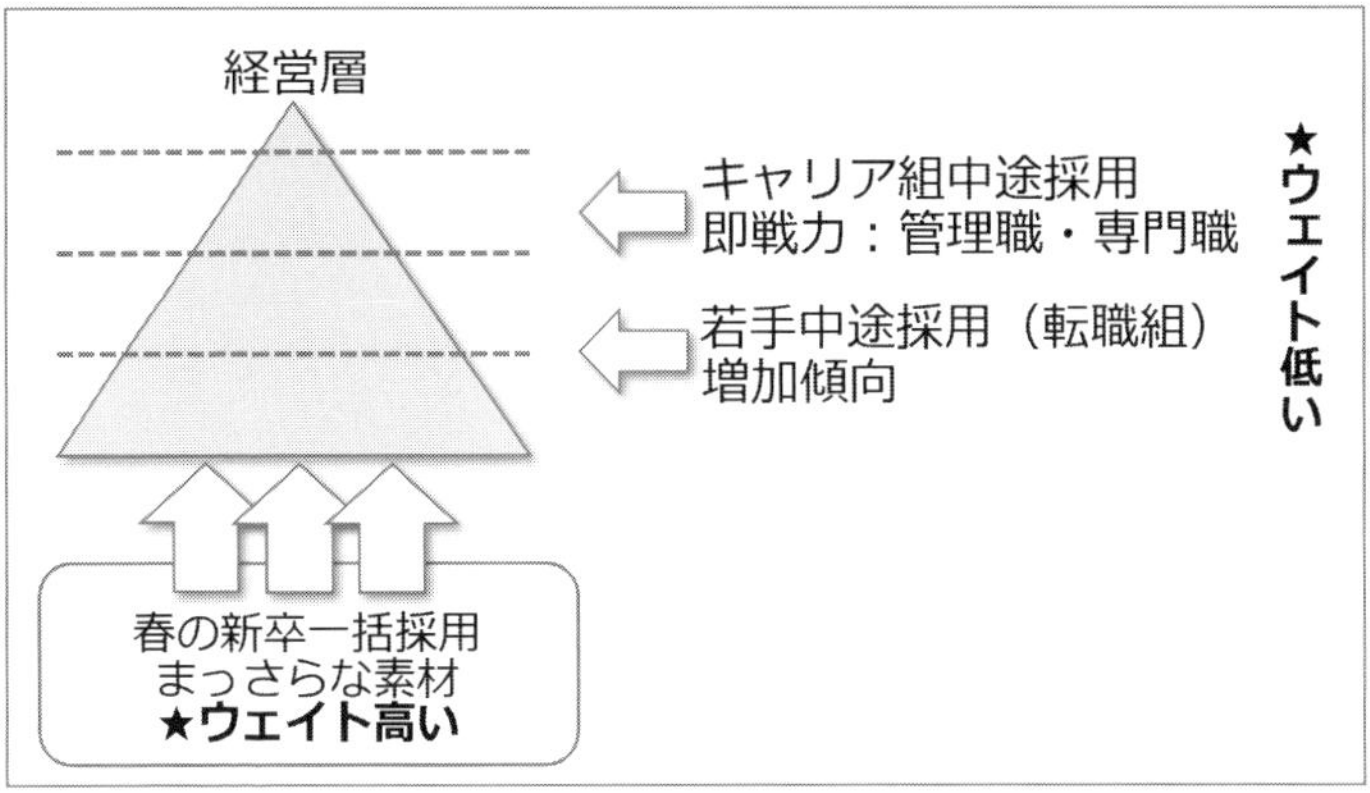

く乗って、仕事を吸収することができれば、比較的上手くいきやすかったと言えるでしょう。

一方で、変化の速度が上がり、個々の顧客の状況に合わせ、柔軟な対応を迫られる現在の状況では、成功する「ロールモデル」のイメージが曖昧で、わかりやすい目標を立てにくくなっています。

こういった状況の中、まだ自分自身を確立できていない若手が、どのような色に染まっていくかは育成を担う「あなた次第」なのです。まだ「まっさらな状態」を、「どのように染めていくか」を考えていかなければなりません。

油絵でいえば、最初に「地塗り」、次に「下塗り」と手順を踏んでいきます。若手部下育成でも同様にステップを踏んでいく必要があります。何も考えずに無意識でやると、若手部下のまっさらなキャンバスを、いきなり真っ黒に塗ってしまうケースもでてきます。こうなってしまうと、やり直しは非常に苦労します。あなただけでなく、若手部下本人はもっと大変です。「まっさらな状況」をどうするかは、あなた次第であることを念頭におきましょう。

直近の若手の変化①　増している目の輝き

第1章でもお話しましたが、今の若手が持つ背景の、これまでとの大きな違いは、育った時代だけでなく、採用環境の違いが挙げられます。バブル崩壊後や、リーマンショック後の採用環境が厳しい時代は、「希望する企業に入りたい」という思いはありますが、希望する企業・業界が「採用自体をほとんどしない」というケースも多々ありました。能力等とは関係なく、そもそも門戸が開かれていない状況です。下手をすると、「就職そのものができないのではないか」と心配をするような時代でもありました。

こういった状況の中、就職戦線を勝ち抜くためには、自己分析が推奨されていました。自分の価値観を探り、これまでのキャリアや、様々な活動内容を棚卸し、自分に適正のある業界、業種、職種を考えることが大切であると説かれていました。社会人デビューの準備段階として、自分自身の価値観と仕事を一致させていく作業です。様々な努力を積み重ね、初めて内定をもらったときには、希望した企業でなくても何とか就職することができそうだという喜びを噛みしめたものです。

一方で私自身、毎年たくさんの新入社員研修の担当をさせていただいておりますが、ここ数年で傾向が大きく変わってきたことを感じます。これまでの採用環境が厳しい時代は、「苦労してなんとか入った」という雰囲気を察することが多くありました。特に数社ミックスで担当する際は、その雰囲気が如実に伝わってきます。なんとか入社することができ、安堵はしていますが、希望通りではなさそうな表情をしているメンバーが散見されました。

直近では採用環境が変化したことで、学生が企業を選びやすくなっているため、一定程度の希望が叶っており、入社段階での「目の輝き」は増しています。少なくとも私にはそう映ります（異論がある方もいると思いますが、私が大卒新人を主に見ていることも影響しているかもしれません）。

ここ数年の間に、「なんとか入れた」「苦労してやっと決まった」という反応が減り、「希望の企業、業界に入れた」という反応が高まってきています。そのため、これから始まる社会人生活に対し、漠然とはしていますが「夢・希望」を抱いており、「目を輝かせている」と私は分析しています。

直近の若手の変化②　自己理解度が低下

一方で会話をしてみて感じるのは、その目の輝きに根拠が薄いことです。ビジネスマナー研修段階で、目をキラキラさせている若手に対し、問いかけてみます。

「上手く希望が叶ったの？　おめでとう。その会社でどんなことをしたいの？」

こういった質問への回答を苦手としているケースが多く、どちらかというと業種や企業に対する憧れ（〇〇に関わっていきたい）や、労働環境面（休日、各種制度等）など、他社と比べやすい面が優先されているように感じられます。若手側が選択権を持っているがゆえに、自身に対する探究が後回しにされ、企業の比較を優先してしまっているのでしょう。

そのため、「将来やりたいことを実現させるために、初期段階では何が重要か」といった投げかけに、真摯に思考をする一方で、「具体的に将来何がやりたいか、仕事を通じてどのようなことを実現したいか」といった問いかけには明確なイメージを持たせることを苦手としています。

つまり、希望の企業に入ることができて、仕事に対して漠然とした憧れを持ってはいますが、やりたいことや、自身の価値観はあまりはっきりしていないのです。

入社段階では、「まっさら」であり、「目をキラキラ」させているが、「はっきりしたビジョンを描けていない」こんなキャラクターイメージです。

直近の若手の変化③　低下する仕事のストレス耐性

さて、そんな若手への対応で苦心するのが、離職率の高さです。かつての経済成長時代は、終身雇用の考え方が根強く、会社を辞めるということはレールを外れるイメージがありました。実際辞めても、やれることがないわけではないでしょうし、成功者も多くいるでしょうが、職を転々とすることは社会的にもあまりよいこととはしない風潮でした。仕事の成果が出やすい状況だったことも影響しているでしょう。

就職氷河期時代はというと、苦労してやっと入れた会社ですし、辞めて職を転じようにもなかなかよい転職先がなかったり、年齢制限があったりと、非常に厳しい状態でした。そもそも人をあまり増やしたくなかった時代ですから、世の中の雰囲気として転職へのハードルは下がっていたものの、労働市場を鑑みると実際に転職するのは、簡単ではなかったというのが実態です。

一方、現在はどうでしょうか？　現在の採用市場が活況なのは、人材の絶対数が不足しているからです。これまで新卒しか採用を行っていなかった企業も、中途採用を積極化させています。

こういった状況の中、若手にとっては、「合わなければ早い段階で他を探そう」という感覚が高まっています。「何も最初に入った会社に固執しなくてもよいだろう」というのが本音です。採用活動段階で、「是非来てほしい」と複数の企業から誘われ、実際に引く手あまたです。ここ（今の職場）でなくても「歓迎してくれるところはたくさんある」と感じていて無理はありません。

仕事を覚えるのは初めの頃は誰しも大変で、いくつもの壁を越えて一人前になっていくものですが、仕事に対する「ストレス耐性はあまり強くない」というのが今の若手の実態でしょう。

誰でも、「壁の種類」との相性によって、乗り越える力に差がでてきます。かつてに比べ、自身が「やりがい」を感じない、あるいは「重視していない」種類の壁について、乗り越える力が弱まっています。自分の中で「これは大切なことだ」と思うことであれば、乗り越える力も発揮されますが、「なぜこんなことをしなければ」と感じてしまうような理不尽なことには心が折れやすいのです。他でも自分のことを必要としてくれる会社がたくさんあると思って入ればなおさらそうなるのでしょう。こんな背景をもっているため、「最近の若いやつ」は「仕事におけるストレス耐性が弱い」と感じられるのです。

2 【対応準備】若手部下と接する準備はできている？

選んだ側は働きやすい環境が整備されていると思っている

ここ数年の間に環境が大きく変わっているため、自分たちが若い頃と同じように接していると、いつの間にか大きなギャップが発生します。接し方を間違えると、部下はあっという間に「そっぽを向く」、「思考を停止する」といった初期症状を見せ始め、最悪のケースでは突然「転職が決まりました報告」をされるといった事態が発生してしまいます。

若手側からすると「会社を選んだ」という思考になっているため、今の時代にあった働きやすい環境が整っていることを期待しています。そのため、迎える側が、その状況を理解していないと、最悪の第1印象からスタートすることになります。こちらにとっては当たり前の内容でも、整った労働環境だと思い込んでいる相手にとっては「えっそんなこと聞いてません」となりかねません。

あなた自身はそんなに丁寧に面倒を見てもらった経験はないのでは

「自分だって、そんなに丁寧に面倒を見てもらったわけではない」

こんな声がよく聞こえてきます。私自身もそうでした。「先輩の動きをよく見てマネしてみろ」とか「俺は口では教えないから、しっかり見ておけ」という時代でした。「もっとわかりやすくしたほうがいい」と進言すると、「だったら、お前が教えるときに変えればいい」といった反応です。

　同じやり方でついてきてくれるのであれば、それに越したことはないのですが、時代背景が変わってしまった今において「私の時代はこうだったから」などといっても若手には通じません。

　ここを乗りきるためには、根本的にやり方を変えていかなければならないのです。しかし実際は「言うは易し行うは難し」です。いきなりやろうとしても、そう上手くはいきません。実践するためには準備が必要となります。

3 【対応準備】若手部下と接する準備

時代に対応するためには「抜け漏れのない準備」が必要

　抜け漏れのない準備をするという意味では、まずはあなた自身との戦いです。ポジションが上がるとともに、自身が責任を持つ「業績目標」は明確になっていくケースが多いですが「仕事の目的」についてはどうでしょうか。

　初めの段階でキラキラしている若手の目を曇らせないためには、「仕事の目的」とその「やりがい」について教えていくことが重要です。

　「経験を積みながら自分なりに考えていけばよい」という側面もありますが、そもそも大きな目的があり、１つひとつの仕事には意味があって、すべては「お客様によい商品サービス」を提供することに繋がっている、あるいはお客様に「自社の商品、サービスが○○だと、喜んでもらいたいと思っている」といった表現で、あなた自身の言葉で語ることが重要です。まだそういった目的意識までわかっていない若手に模範を示す必要があるのです。

会社全体で掲げている、理念や社是といったものを新人研修等で学んでから現場に来ていても、それらが抽象度が高い言葉であるため、なかなか実際の仕事に落とし込んで考えることができないのが実態です。それを、先にキャリアを積んでいるあなたが言葉で明確に示し、「なるほど！」と若手に感じさせる必要があるのです。

ここでは、Ｗｈｙ・Ｗｈｏ・Ｗｈａｔ・Ｈｏｗの４つについて、順を追って言語化し、若手にも論理的に伝える準備をしていくことを推奨します。

①Ｗｈｙ＋Ｗｈｏ　何のために、誰のために働くのか―仕事の目的・使命感を言葉にする

目的、使命といった点に関して、会社全体を論点とし「経営理念・行動指針」といった形で示されていることも多いでしょう。一方、全体を俯瞰して考えているがゆえに、抽象度の高い言葉となり、現場レベルで具体的な行動の判断基準として活用しにくいことが多くなっています。

若手部下も新人研修等で一通り学んでいますが、実際の仕事に落とし込めているかというと、なかなか上手くいきません。これから経験を積み重ねていく段階では、すぐに解釈し言葉にできないのが実態です。

若手部下に対し、経験を積んでいるあなたが、代わりに整理し言葉にして伝えてあげることが重要となります。

まずは「共通目的」を言語化する

私が推奨するのは、まずチームとしての「共通目的」を言語化することです。バーナードが提唱した「組織の3要素」の1つです（図表16）。

「組織の3要素」とは、チーム全体が目指す「共通目的」を整備し、それを全員が同じ理解ができている状態まで「意思疎通（コミュニケーション）」します。その上で、本人が「なるほど！」と納得し、「だとしたら今の自分ができることは何だろう」と考え、目的達成のために「貢献意欲」を持って行動する状況をつくる考え方です。

この3つの循環を、うまくつくり出すことができれば、貢献意欲を基に自ら考え行動していきます。意見交換も活発になり、さらに磨きがかかっていきます。この循環の出発点になるのが、共通目的です。

若手のモチベーションをあげていくというテーマにおいて、仕事の目的を言葉にし、それを理解させることが第1歩です。会社全体の理念や方針を、あなたのチームの業務に落とし込み、誰でもわかるよう咀嚼し、言語化することを指しています。

一方で実際に挑戦すると、言葉にするのが難しいものでもあります。そこで、あなたに考えてほ

【図表 16　組織の３要素】

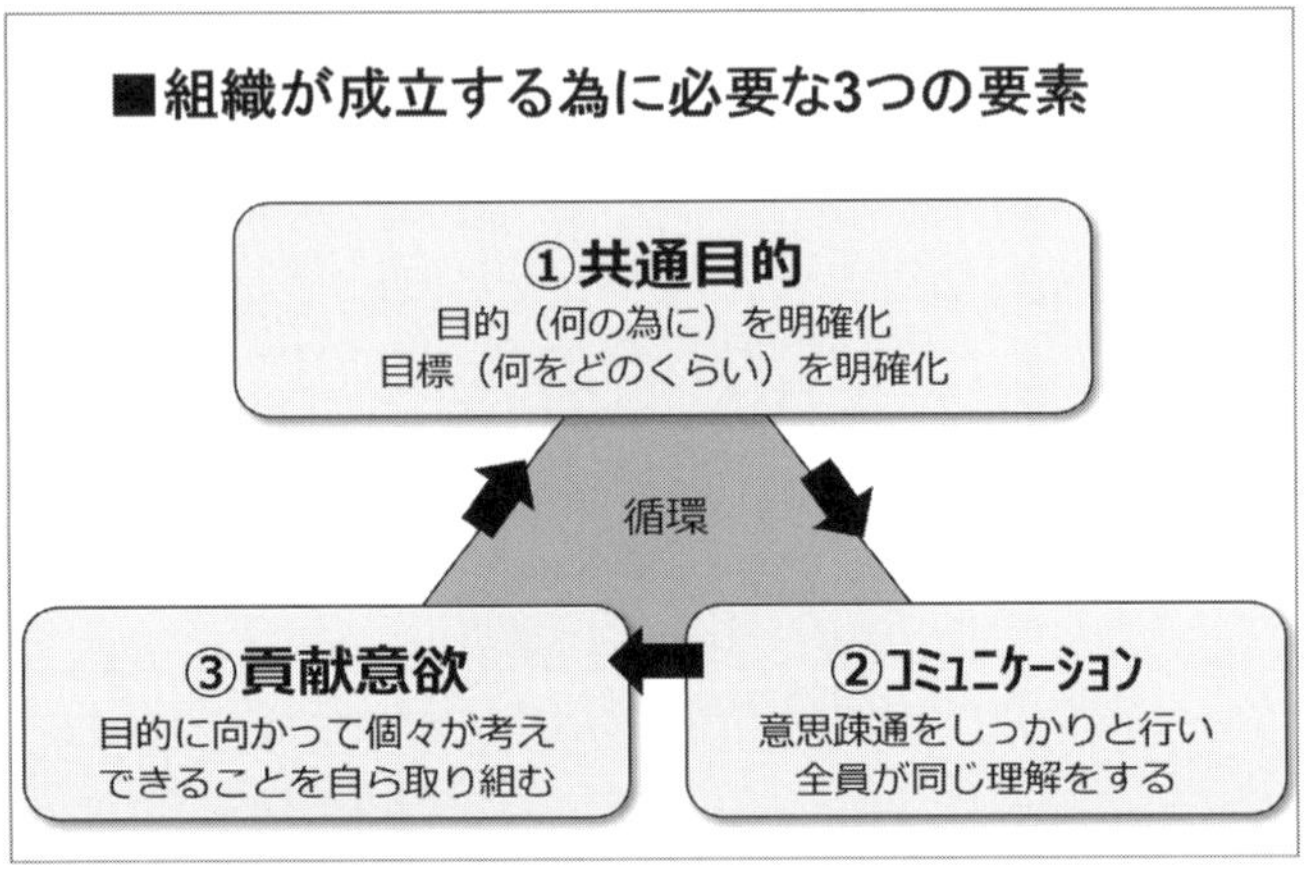

【図表 17　３Ｃ分析】

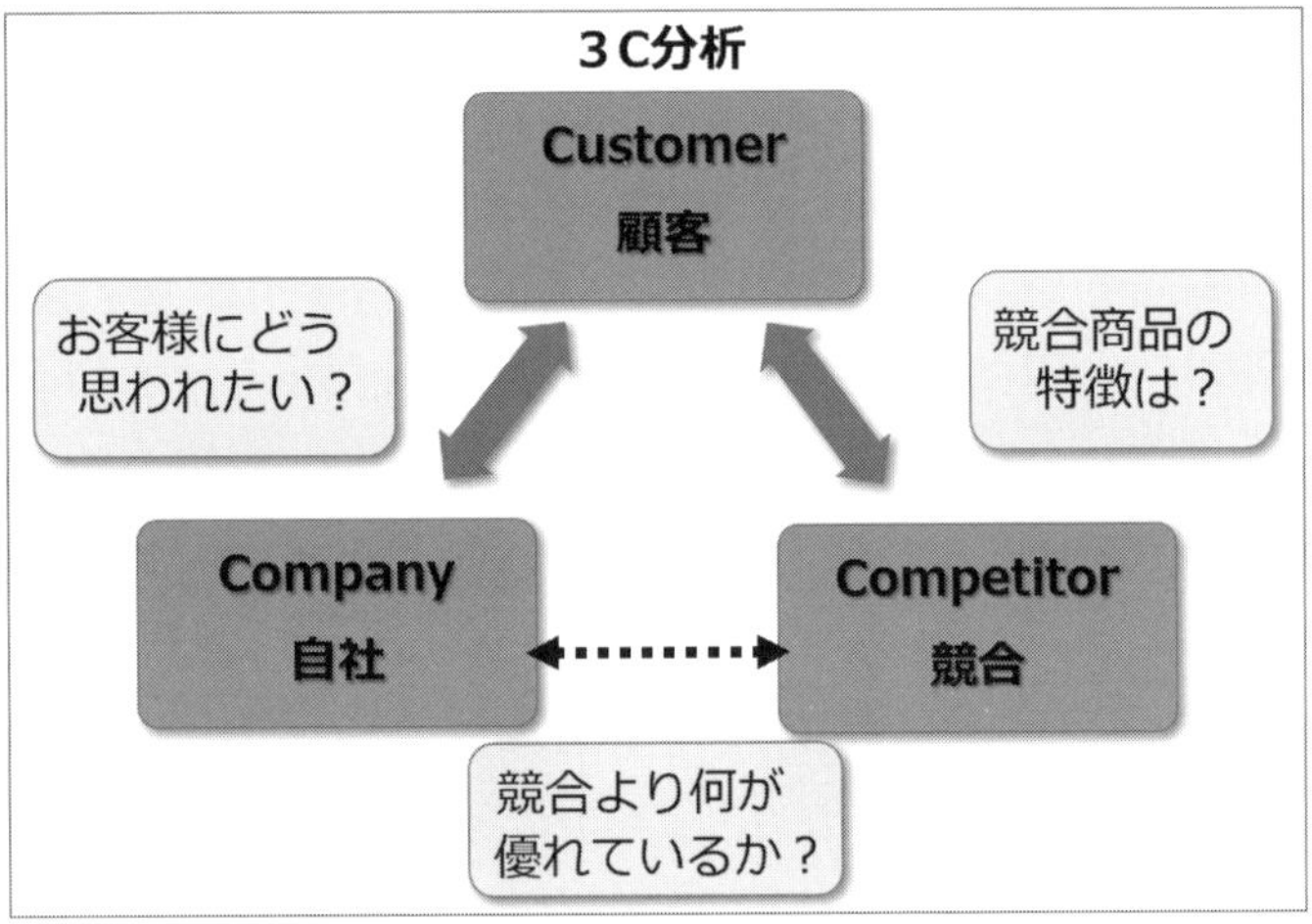

しいのが、商品サービスを提供しているお客様から、「どのように思われたいか」ということです。自分たちのチームがお客様に商品サービスを提供することに、どのような意義があり、どのように貢献しているのかを考え、「評判としてどのような声を頂戴したいか」を言葉にしていってください。

この際、並行して考えるのが、「Who・誰に」です。「どのようなお客様」の、「どのようなシーン」で「自社の商品サービスを活用してもらおうとしているのか」を明確にしておくことが重要です。事業によって対象の括り方は異なりますが、「買ってくれれば」あるいは「使ってもらえれば」誰でもよいということではないはずです（図表17）。

こういった話をすると、特に仕事のキャリアが長い方から、ターゲットを絞り込むことによるデメリット（対象マーケットが小さくなってしまうこと）が指摘され、反対を受けることもあります。かといって、若手がターゲットイメージを考えずに仕事をすると「暗中模索感」が高まり、うまく顧客ニーズを掴めません。キャリアがある人は経験によってイメージが沸いているので、規定しなくでも仕事ができるだけで、ターゲット像を考えていないわけではありません。顧客は1人ひとり（1社1社）状況が異なり、一概には言えないという声も多いですが、厳しく言えば、これは分類し、解釈することをさぼっているとも言えます。

「この人に、こんなシーンで使ってもらえたら最高だ」という理想的なパターンをいくつか整理して例示していけばOKです。当然ではありますが、個々のお客様はそのままズバリではありません。「今回のお客様はAタイプのこの部分の要素を持っているな。だとしたらこんなことを思っているかもしれない」といった仮説を立てるための材料の提示となればよいのです。

さて、「Ｗｈｙ＋Ｗｈｏ」では、チームの仕事内容によって表現しやすいケースとそうでないケースがあります。いくつかのタイプを例としてあげておきましょう。

ＢｔｏＣ型

ここでは「Ｂ＝ビジネス　法人」・「ｃ＝カスタマー　消費者」としています。

「ＢｔｏＣ」は自チーム（法人）が消費者へ商品サービスを提供している形を示しています。

この形は、比較的わかりやすいタイプです。直接最終消費者に対して、商品・サービスを提供している業務の場合、「お客様にどのように思われたら最高か」を言葉にし、チームの共通目的として伝えていけば、キャリアの浅い若手部下にも伝わります。

一方で注意するポイントが２つあります。１つ目はあなたの語るお客様満足の表現が、「競合他社が提供している商品・サービスと差別化されたポイント」が明示されているかどうかです。たとえば「お客様に美味しいと感じてもらいたい」と説明したとします。この際、美味しいという状態がどのような状態かを、チームメンバーで共通認識ができる言葉が添えてあればＯＫです。

一方で人によってどうにでも解釈できてしまう曖昧なものであれば、若手部下は理解できません。同じ美味しいでも、他社と違ってここがこう美味しいんだというポイントまでしっかり語る必要があります。図表17のイメージを参考にしてください。これが１つ目です。

【図表18　B to B to C型】

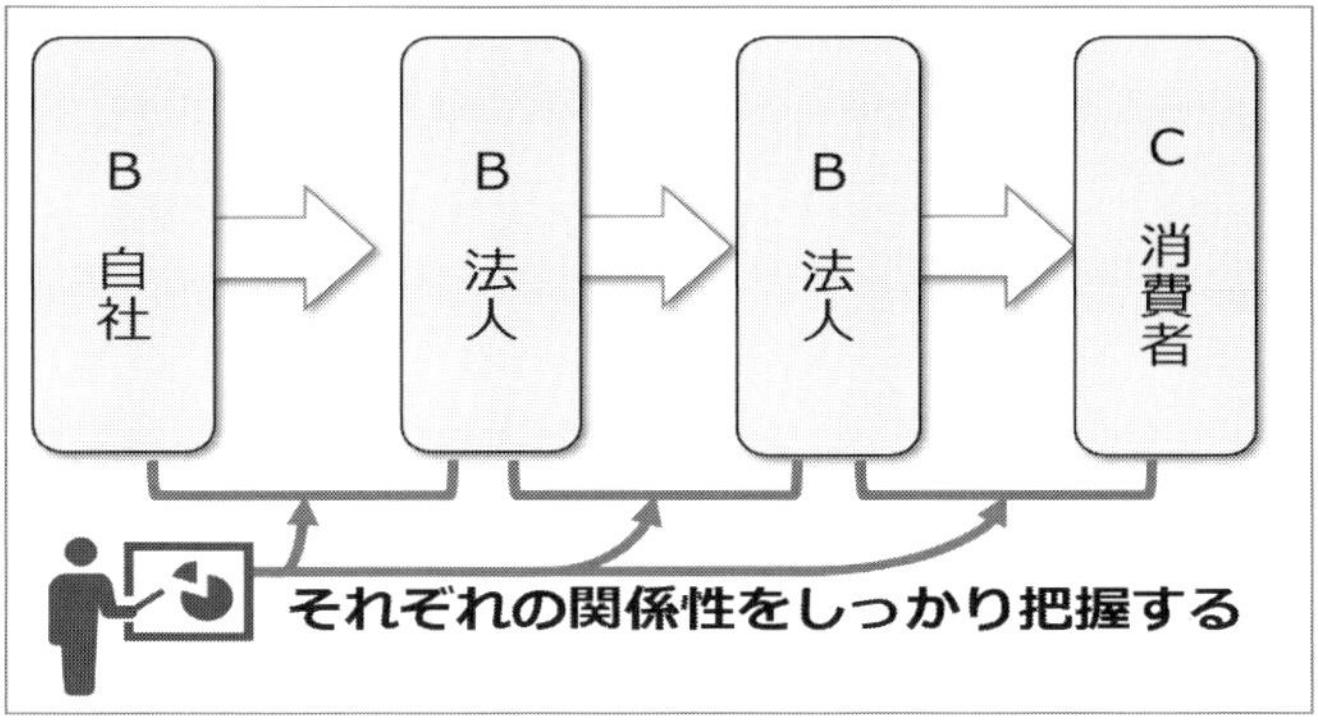

２つ目は、「迷ったときの判断基準」になっているかどうかです。仕事をしていると様々な場面で、いくつか行動に選択肢があり、優先順位や決断に迷うケースがあります。このとき「お客様にこう思われたい」という顧客満足の形が明確であれば、「どの選択肢を選ぶべきか」あるいは「優先順位はどちらが先か」の基準で判断できます。あなたがつくった「お客様にこう思われたい」という言葉が具体的でわかりやすければ、若手部下もあなたと同様の判断基準を持ちやすくなり、ギャップも小さくなります。なにより、お客様に向けた思いを統合できるのでやりがいも感じやすくなっていきます。

ＢｔｏＢ型・ＢｔｏＢｔｏＣ型（図表18）

ＢｔｏＢｔｏＣは、自チーム（法人）が法人顧客に対して商品サービスを提供している形を示しています。自チームが、商品サービスを提供した法人顧客が、最終的には消費者へ商品サービスを提供することに繋がっていくと捉えた考え方です。何度か「ｔｏ Ｂ」を繰り返すと大概の商品は最終ユーザー

（消費者）のもとに届きます。

先のケースは消費者と直接やりとりしていますので、わかりやすいですが、法人顧客の場合、顧客満足を想像しにくいケースがでてきます。

窓口の担当者からの要望をベースに仕事をするケースが多くなり、相手（法人顧客）が何を目的としているのかを注意深く聞き取らないと、本質的なニーズを理解しにくい状況に陥りがちです。

さらに極端に言えば、先方の担当者が顧客満足についてあまり考えていないというケースもあります。キャリアの初期段階で、若手が相手の要望に振り回されてしまい、なかなか上手く仕事を進められないこともあるでしょう。こういったときこそ、あなたが「そもそも何をしているのか」を言語化し理解させることが重要になってきます。

法人顧客をお客様とするチームの場合は、その顧客企業が、サプライチェーンの中で、「最終的に誰に・どんな商品・サービスを提供しているのか」まで汲み取っていくことが重要です。顧客法人が営んでいる事業が、どのような形で最終消費者と関わっているのか、その際どのような価値を生み出すことで顧客満足を得ようとしているのかまで考えます。

結果的に、自社の法人顧客に○○を提供することで、「最終消費者であるお客様に○○を提供すること」に役立っていると捉えることができます。ここまで捉えて言葉にすることができれば、チームとしての方向性を指し示す言葉つくりが明確になっていきます。

また、顧客企業によって具体的な行動が事なる場合は、あなたと若手部下の共同作業で顧客ごとに個別に落とし込みを行い、互いに同じ思考になるように目線合わせをしていくことが重要です。

社内顧客型（ＢｔｏＢｔｏＣ型の変形）

３つ目は社内の間接部門のケースです。わかりやすい例でいえば、管理系部門などがあげられます。このケースが最も注意が必要かもしれません。自分たちのチームが提供するサービス（間接部門は直接商品を扱うケースが少ないのでサービスとしています）が、「提供先である社内部門が目指す目的を、どのような考え方でサポートしていくか」ということに繋がっていきます。

自分自身が直接部門で働いたことがあれば、サービス提供先部門が、顧客満足のために日々努力をしていることを理解することができますが、若くして管理部門等の間接部門に入ると、お客様と直接的に接する機会に恵まれず、お客様のことをよくわからないまま仕事経験を積みあげていってしまうケースもあります。だからこそ、自チームが社内に対して提供するサービスが、提供先部門の顧客満足にどう繋げていくかをしっかりと意識することが重要となります。自チームの業務を業務提供先部門の顧客満足の追求と連動させ、言葉に落とし込んでいくことがポイントです。

言葉づくりができたなら

まずは若手部下に説明する前に、他の人に聞いてもらってください。少し磨き上げる必要があるからです。自分がわかっていることを、他人にわかるように伝えるというのは、思ったよりも難しいことです。特に伝える相手が自分より経験や知識が浅い場合は難易度が上がります。

同等のキャリアを積んでいる場合、普通にわかるレベルの言葉であっても、若手部下に真意が伝わるとは限りません。「これなら新人でもわかるかな？」と前振りをしてから、他の人に聴いてもらって、指摘を受けてください。「私はわかるけど、新人にだったらもっと○○といったほうがよいのでは」といった助言をもらって、何回か改訂をしていくと言葉が磨き上げられてくるでしょう。

この際、歯に衣着せぬ物言いをしてくれるタイプのメンバーに説明を聴いてもらうことをおすすめします。耳が痛いことを言ってくれる人のほうが、はっきりとしたよい指摘をしてくれます。

②Ｗｈａｔ　何をしているのか―仕事内容を言葉で示す（図表19）

次はＷｈａｔです。自チームの仕事が「何をしているのか」を相手にわかるように示すことです。手順でいえば、目的があった上で、そのために何をするのかですが、こちらを先に伝える場面もあるかもしれません。

いくつかの階層をつくって「大分類」「中分類」「小分類」と落とし込んで見せていくのが効果的です。また一度説明したら、わかるかというとそうではありません。日々のミーティングなどの際に、常に今どの部分の何の話をしているかを意識させながら、染み込ませるように伝えていくことで理解が深まっていきます。こちらも目的同様、どうすればわかりやすく伝わるかを考え、形に落とし

【図表19　ビジネスモデル大分類・中分類・小分類】

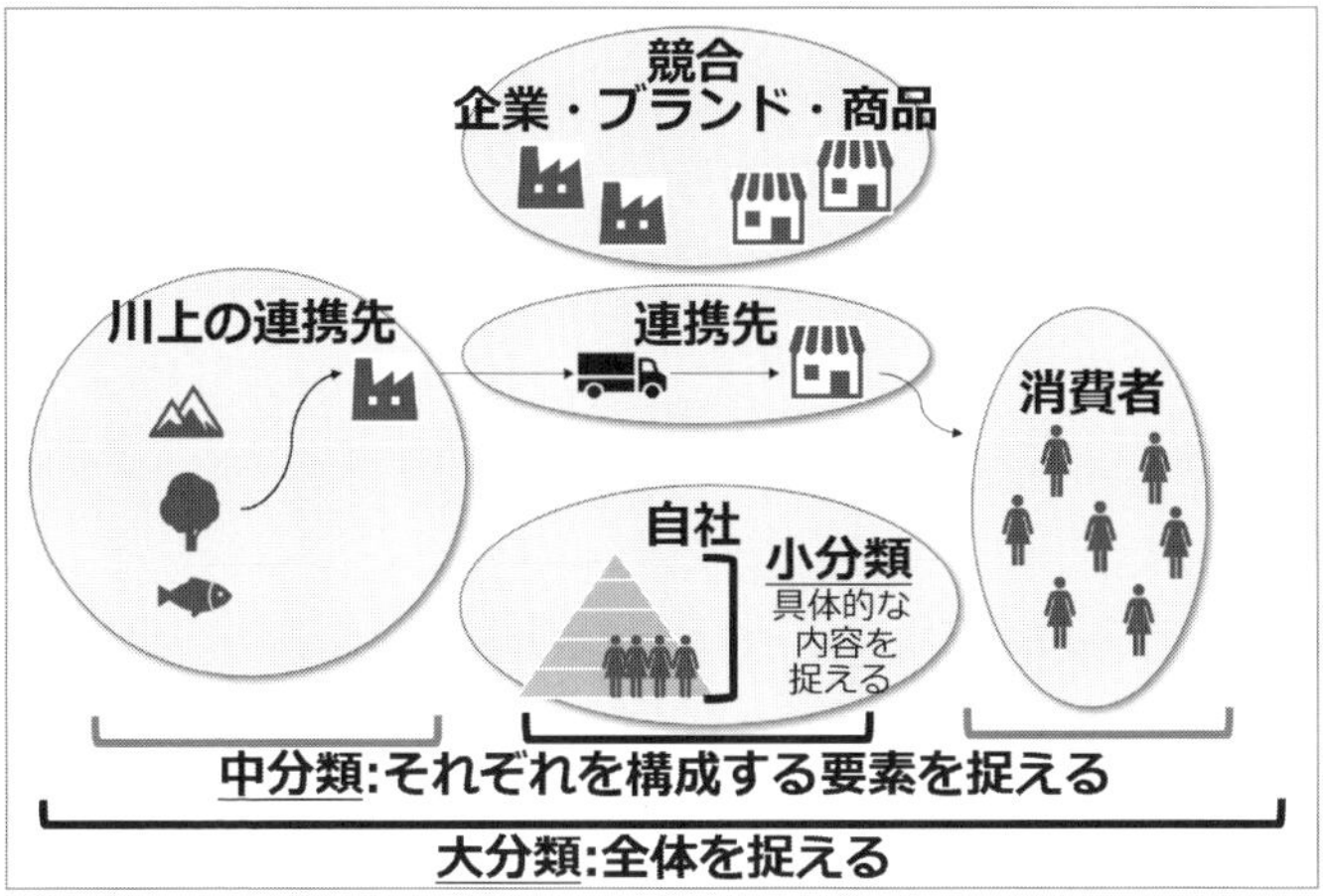

ておくことが重要です。では落とし込みのイメージについて具体的に考えていきましょう。

社内外関係

まずは社内外関係を大きくつかみましょう。自チームを中心に、川上取引先（自社がお金を支払う側）、川下取引先（自社がお金をもらう側）、消費者、資本関係など、自社の事業全体を俯瞰して示したものです。事業の構造をしっかりと理解できるように示し、ことあるごとに説明をしていくことが重要です。サプライチェーン（事業における川上から川下まで）を俯瞰して伝えることで、自チームの目的の根源理解につなげていくことが狙いです。

また、自チームの業務以外でも、決算や、株主総会などの話を、位置づけを含めてしっかりと理解できていると、時期によって求められることに変化があることも理解できます。

顧客・取引先関係

全体図が理解できたならば、次は顧客関係と取引先関係です。形はｔｏＢの場合とｔｏＣの場合で変わってきますが、いずれにしても商品サービスを提供する顧客の状況、特性を1つひとつ具体的に押さえていきます。

顧客情報を管理したデータベースがあるようであれば、詳細チェックはこれを活用し、全体図と合わせて示すことができればよいでしょう。重要性や将来性など、日々の動きから切り離した中期的な関係性を示すことができればＯＫです。

また、関わり合いになる人の名前（可能であれば顔も）と特徴も合わせて追記していきましょう。いずれもあなた自身は、既に頭に入っていることでしょうが、これをわかりやすく伝えるために形式化をするのが狙いです。

社内関係

こちらは、仕事をしていく上で欠かせない社内のチーム間、および人的ネットワークについてです。関連するチーム、少し遠いチームまでどのチームとどのように関わっているかを伝えていく必要があります。自部門がお客様に商品サービスを提供するために、「どのチーム」の「誰」と「どのような役割分担」で関わっているのか、正しく理解する必要があります。社内におけるバリューチェーン（ここでは社内の川上から川下までの一連の流れを示したものとします・図表33）と、その流れの中での自チームの役割をグリップすることが狙いです。自分たちが全体の業務フローの中で、どこからどこまでを担っているかをグリップしていないと、連携時の責任範囲が不明瞭になってしまい、業務の抜け漏れが発生する原因の1つとなってしまいます。

ここを掴めていないと、本来の自部門の役割を全体最適ではなく、部門最適で、もっといえば個人の担当業務最適で捉えてしまうといった自己中心的なワークスタイルに陥ってしまう恐れもあります。

また、他部門連携時の注意事項等をあらかじめ整理しておくことも重要です。若手部下が社内での立居振舞を原因に無用なことで躓かないよう、あらかじめフォローをしていきましょう。

自チームが扱っている商品サービスの特徴を明確化する

ここまで内外の相関関係を考えてきましたが、もう1つ明示しなければならない要素として、自チームが扱っている商品サービスの特徴があります。

商品サービスが持つスペックや、価格、利便性など特徴という意味ではいくつか論点があります（細かくは6章でフレームワーク編として論じます）。

重要なのは、お客様が競合する商品サービスと比較するポイントを明確にし、その比較状況についてはっきりさせておくことです。詳細をどこまで把握しきるかは、ケースバイケースですが、大きく捉えておきたいのは、お客様が自チームの商品サービスを、「お金を払って選択してくれている理由」を明確にしておくことです。「なぜ自分たちの商品サービスを選択してくれいているのか」、これを①のＷｈｙ（目的）と連動させて説明し、理解させることが重要です。

「明確にしたいこと」が「はっきり」としているか

ここまでの取組みのポイントは、何のために、誰に対して、何を提供しているのか（どんな商品サービスを提供しているか）がはっきりしたかどうかです。

「Ｗｈｙ＋Ｗｈｏ」はこの中で「何のために」「誰に対して」を明確にするアクションでした。Ｗｈａｔでは「何を提供しているか」を形式化することがポイントです。論理的に説明できるようにしっかりと言葉にしていきましょう。

③Ｈｏｗ　どうやってやるのか―仕事の進め方・習得目標を言葉で示す

最後の「Ｈｏｗ」は具体的にどのように仕事を進めているかを示していくことです。仕事の種類によって様々な形がありますが、自チームの場合はどうなのかを明確に示す必要があります。

こういった話をすると、「色々なパターンがあって、一概には言うことができない」とか、「その都度違うので何とも言えない」といった声があがります。しかしながら、「じゃあどんなものがあるか、１つずつ教えてください」といってヒアリングをしていくと、階層を分類をしていくことで整理ができる場合がほとんどです。様々なケースがあることを否定はしませんが、グル―ピングして整理し、解釈をすることで表現できるようになっていきます。

逆に言えば、難しい状況であればあるほど、若手が混乱しないように整理をすることが重要です。こちらもいくつかの代表例をもとに考えていきましょう。

業務フロー型（図表20）

週単位、あるいは月単位といった一定の期間の中で、流れをもって業務が進行しているタイプです。タイミングによってやらなければならないことが異なるため、若手は覚えなければならない項目も多くなります。そのため、よりしっかりと整理をする必要があります。

業務の整理を実践するためには、業務を分解し、全体の流れがどうなっているのか、構造を示すことが必要となります。数ある仕事を炙り出し、大分類、中分類、小分類と階層を分け、仕事の流れ図を作成していくことがポイントです。これがしっかりとできると、若手に全体図を示しつつ、どこからどのように習得ステップを踏もうとしているのかを説明することができるようになります。ここまでできるようになれば1人前という基準にもつながり、相互の仕事の連携をアシストしてくれます。

プロジェクト型（図表21）

難易度が高いのがプロジェクト型です。毎回取り扱うテーマが違ったり、具体的な方法論が変化

【図表 20　業務フロー型の例】

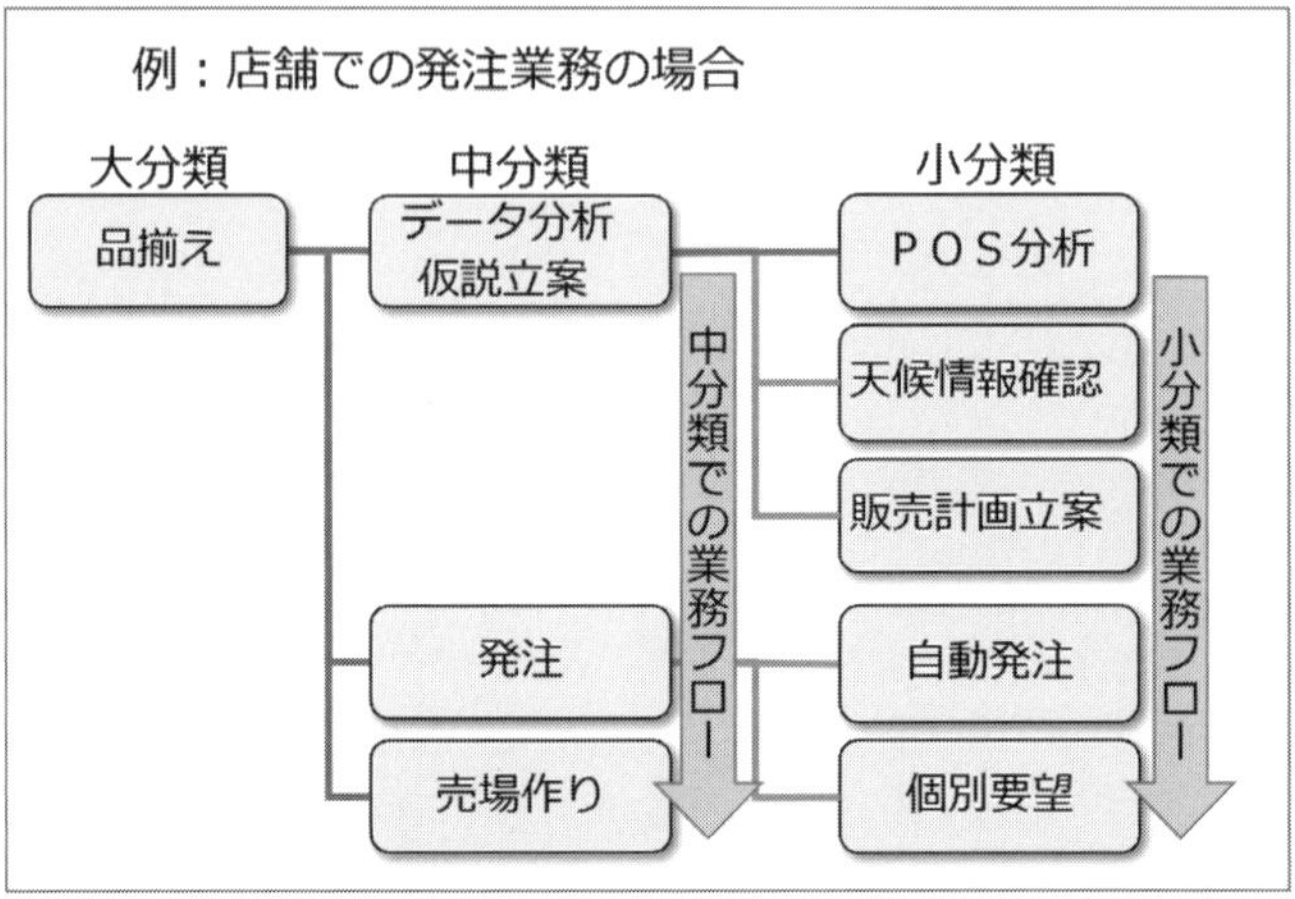

【図表 21　プロジェクト型の例】

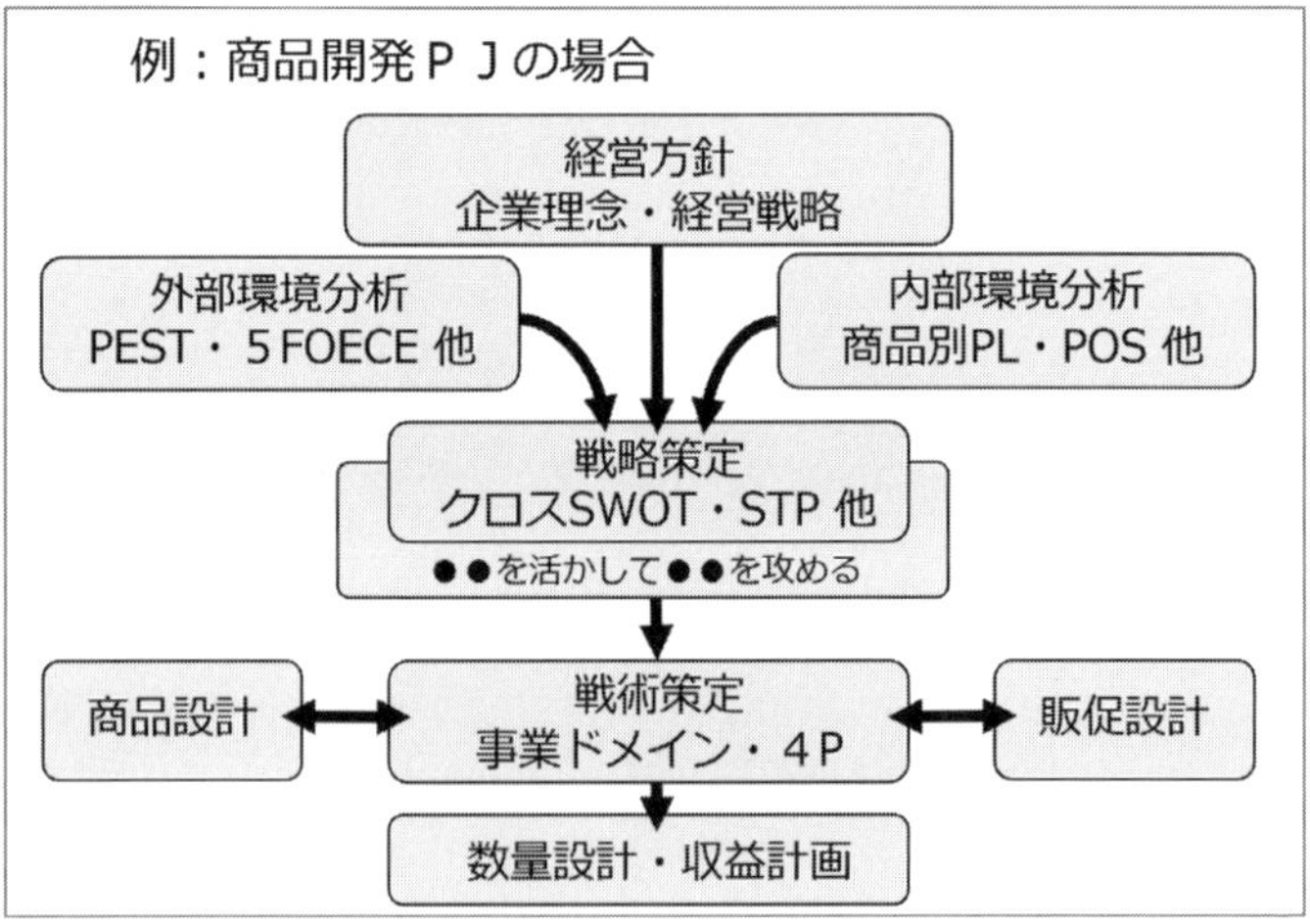

したり、駆け引きが発生したりと、内容も判断もその都度異なり、内容をグリップするのが難しいのが実情です。

このタイプについても、業務フロー型同様に「大分類」についてはフローで示すことが重要です。順序が異なったとしても、必ず必要な項目は、はっきりしています。まずマストな項目をポイントとして内容を明確にしていきましょう。

その後は個々のプロジェクト単位での計画立案が、若手部下にとって「当該プロジェクト」のマニュアル代わりになります。これができれば、何のために、どのようなことをしなければならないのかは明確になっているはずです。

例えば、「現状把握のために外部環境分析は必須であること。また外部環境分析にはこれまでやってきたパターンでは○○分析と、○○分析がセオリーで必要に応じてアレンジして実践していること。また、内部環境分析については、社内定形フォームでは○○と○○は必須で、あとはその都度必要なものを加えている。戦略立案には○○を用いることが多い」といった感じです。

大きな流れを示し、担当箇所がどこで、どんな役割を求められているかをしっかりと伝えていきましょう。分担については助手ではなく、担当者として自律的に動ける体制を取ることが重要ですが、そのためにも立ち位置をしっかりと理解させることができるように準備をしていくことが重要です。前後関係を明確にし、担当領域の仕事が持つ意味を理解することができれば、思考を促すことができるようになります。

ルーティーン型

日々単位や週単位で決まった業務を行う、繰り返し型です。このタイプは比較的わかりやすく項目ごとに、標準化をしやすいので、若手部下にもわかりやすく示すことができます。既に体で覚えている人にとっては何てことない仕事であるケースも多く、「こんなことを形式化しても」という反応もあるでしょう。逆に言えば、そんなレベルのことで躓かせてしまってはならないのです。数回やれば覚えることができるようなことこそ、キャリアの入り口で担当するケースが多いはずです。そこで若手部下とのギャップを大きくすることはチームにとっても損失です。

一方で、始めてしまえば習得難度も比較的低いケースが多いため、こちらを若手に担当させる場合は早い段階から改善活動を担わせることが重要です。「もっとこうすればよいのに」という意見を初期段階で積極的に出すことを推奨し、実践・改善につなげていくことでやりがいを感じさせ自律性を高めて行くためです。

注意するポイントは、改善活動を行う際、既にやり方に慣れた人たちにしてみれば、かえって面倒なことに感じてしまったり、どうでもよいことだと感じてしまったり、せっかく若手部下が「自ら考え思考したこと」を否定してしまうケースがあることです。「どうでもいいんじゃない」とか、「大した話じゃないよね」といった言葉をかけてしまわないよう気をつけてください。自ら思考し、行動して、成功することで「やりがい」を覚えていくプロセスを入口から潰してしまうことになりますので注意しましょう。

何のために・誰に・何を・どのように

さて、ここまでの項目をクリアすると、自チームの仕事の領域をしっかりと説明できる準備が整っています。次の順番で進んできましたので整理をしておきましょう。

Ｗｈｙ　目的　　　そもそも何のために—お客様にこう思われたら最高だ！
Ｗｈｏ　誰に　　　どんな顧客か—顧客像をパターン化・顧客が求めていることの明確化
Ｗｈａｔ　何を　　提供する商品サービス—他社との違い・自社が選択されている理由
Ｈｏｗ　どのように　どのような手順や方法で商品サービスを提供しているか

まだ働き方が定まっていない若手のモチベーションをあげるため、こういった項目を事前に整理し、論理的に説明できる準備をしておくことが重要です。いざ説明しなければならないときに考えるのでは、場当たり的になってしまい、納得を引き出すことが難しくなってしまいます。

漠然とした希望を持っている一方で、まだ具体的なイメージを持つことができていない若手に、「なるほど。そういうことか！」と思わせる道標となるのが、「Ｗｈｙ—目的」です。ここを上手く語ることが、まっさらな状態によい下地をつくることに繋がります。

重要なのは、しっかりと準備を行い、それぞれの内容をどのように伝えていくべきかを考え、あなた自身が狙って実践をしていくことです。実践しながら、言葉を磨き上げていくと、さらに効果は高まります。考えて狙いを定めてアクションを起こし、質を高めていくことをまずはあなた自身が実践していきましょう。

4 【実践段階】若手部下の育成は初めが肝心

初めに、向きをまっすぐ向ける

「まっさらな状態の若手社員のモチベーションを高めていく」という意味では、やはり初めが肝心です。着任時などは自然と「初め」という状況がつくられますが、そうでない場合はこちらから意図的に役割分担等を変更し、「初め」という状況をつくりだし、若手の気持ちをリフレッシュしてあげてください。入社時、配属時はもちろん「初め」ですが、それ以外でも「人事異動などで関係性が変化したタイミング」や、「役割分担の変更」、「プロジェクトへの参加」などでもＯＫです。

これまでの経験が邪魔をして気持ちが斜めを向いてしまった状態でアプローチをしても、既に思考停止状態に入ってしまっていると、なかなか素直に耳に入っていきません。タイミングを見て、環境をリセットすることで「初め」という状況をつくりだしてください。気持ちをまっすぐに向き直させる効果があります。

「初め」（まっさら）という状況をつくりだすことができたら、準備してきたいくつかの内容について、しっかりと説明をしていきましょう。

あなた自身が「お客様にどう思われたいか」を言葉でしっかり示す

最初に伝えるべきことは「何のために仕事をしているのか」です。事前に用意した「お客様にこう思ってもらえたら最高だ！」というあなた自身の意思と、「ここが他社の商品サービスとの違いでお客様に選んでもらっている理由はここだ！」と提供している商品サービスの特徴と関連づけて伝えることです。「Ｗｈｙ・Ｗｈａｔ」の部分です。

「まっさら」な状態にした若手部下に対し、改めてインプットをします。あなたのチームは、会社全体の理念や方針を「このように解釈している」と咀嚼して示し、それが迷ったときの判断基準となり、優先順位づけのベースとなることを説明しましょう。

このときの留意点はあくまで、あなた自身が公式に「そう考えている」とはっきりさせることです。言葉尻の部分にもなってきますが、お茶を濁すような余計な語尾を付けることで台無しになってしまうケースも多々あります。代表例をいくつかあげていきましょう。

まずは「個人的にはこう思う」です。あなた個人がそう思っているだけと限定をする表現によって、相手は責任を回避していると感じます。若手からすると、その考えに沿って実行したときに、あくまで個人的な考えであると限定したからには、「上手くいかなかったときの責任は取れないよ（バックアップもしないよ）」と聞こえてしまいます。そんなつもりはなく、やや照れ隠し気味に使ったとしても、そう聞こえてしまいます。こういった余計な一言を付け加えることで、台無しになってしまわないよう注意が必要です。

また「～と○○さん（経営層、上司、先輩など）が言っていたよ」といった言葉も同様です。この言葉を付け加えることによって、あなたの話全体が他責になってしまいます。「ああ、○○さんが言っていたことなんだ」と思われた時点で、せっかく積み上げた内容があなたの言葉ではなくなってしまいます。若手部下からすると、あなたは連絡通報担当に留まり、リーダーとしての立ち位置ではなくなってしまいます。様々なことが方針として出され、上司、先輩からの話も受けた上で、あなた自身が咀嚼し、目的を自分の言葉で主体的に伝えることが重要です。

また、相手の成熟度によって理解度が異なることも注意点です。キャリアが浅ければ浅いほど、繰り返し伝え浸透させていくことが重要です。「さすがにもうわかっただろう」とこちらが思っても、意外とそうでもありません。頭で理解したことを、実際の場面で経験して徐々に染み込んでいくものです。日々の「報告・連絡・相談」の場面で、常に「お客様にこう思われたい！」を繰り返し活用し、定性的であったとしても、行動と目的がつながったかどうか、相互に考えていきましょう。これを繰り返していくことで、組織の3要素の、意思疎通（共通理解）につながります。

あなた自身が「行動」でよい手本を示す

若手に対し、「お客様にこう思われたら最高だ！」と意思表示をしたならば、次のステップはあなた自身が「行動」でよい手本を示すことです。これまでも、あなた自身が起こしてきたアクションが目的に沿っていれば問題ないわけですが、改めて見直してみてください。

あなたが語った「お客様にこう思われたら最高だ！」という具体的な言葉を基に、「迷ったときの判断基準」としてもらいます。「仕事の優先順位は目的に沿っているか」など１つひとつの仕事をしっかりと判断していきます。多少なりとも、基準からズレているところが見つかるのではないでしょうか。若手部下とともに自身も改めて軌道修正することで、より行動が明確になり、ステップを若手部下と共有することで、相互理解を深めていくことも可能です。

日々の業務の中で「私も目的という基準に照らしあわせて、修正しながら進めているよ」といった話をすることで、『『経験を積んだ人の行動』も、そうやって考えながら進められるものなんだ」と学んでいきます。

若手部下との報連相の中では「目的に向かって基準を置いて行動しているか」を常に問いかけ、あなた自身も同じ基準で行動していることを言葉で示していくことが重要です。

若手自身が吸収しようという意欲を持ち始めるまでの間は、行動を見せるだけではなく、こちらから歩み寄ってギャップを積極的に解消していくことがポイントとなります。

また相手に問いかけるだけだと、若手部下側から見ると、あなたが「安全地帯から一方的に攻めこんでくる」と感じます。とくにキャリア初期段階の若手部下を相手にしているときは、こちら側の動きも解説して、共通理解を進めていくことが重要です。

「やってみせ、言って聞かせて、させてみて、褒めてやらねば人は動かじ」です。手本を示し、説明し、本人にやらせ、よい行動を誉め、ズレたら修正をうながす。まさにこれです。

5 【実践段階】タイプに合わせて進め方を設計する

若手部下に余計なストレスを与えないために

さて、ここまでは行動見本を見せ解説しつつ、共通認識をつくるステップを踏んできました。次は若手部下1人ひとりのタイプに合わせた対応方法を考えていきましょう。

これは、かつての「俺のやり方についてこいスタイル」からの脱却を意図しています。何故そんなことが必要なのか。それは、前に述べたストレス耐性の低下に対する配慮が大きな理由です。

「得意な面を伸ばす」ことと、「苦手なことを克服すること」を重要度で考えるならば、どちらも重要です。キャリアの進捗に合わせて得意な領域を専門分野としていくことはもちろんですが、初期段階では、一定程度バランスよく取り組むべきでしょう。苦手分野も、やったことがないだけ、あるいはコツをつかんでいないだけかもしれません。

一方でどちらが大変かと言えば、誰しも苦手分野の克服です。そもそもあまり好きではないため「気が進まない」というのも原因の1つです。配慮するという意味では、同じことをするにも、進め方を考えてあげるだけで、ストレス度は大きく異なります。

経験を積み重ね自主的に動くことができるようになった段階では、そこまでの配慮は不要でしょう。一方、まだその力がない段階では、丁寧にレベルを引き上げていく必要があるのです。

【図表22　思考のタイプの例】

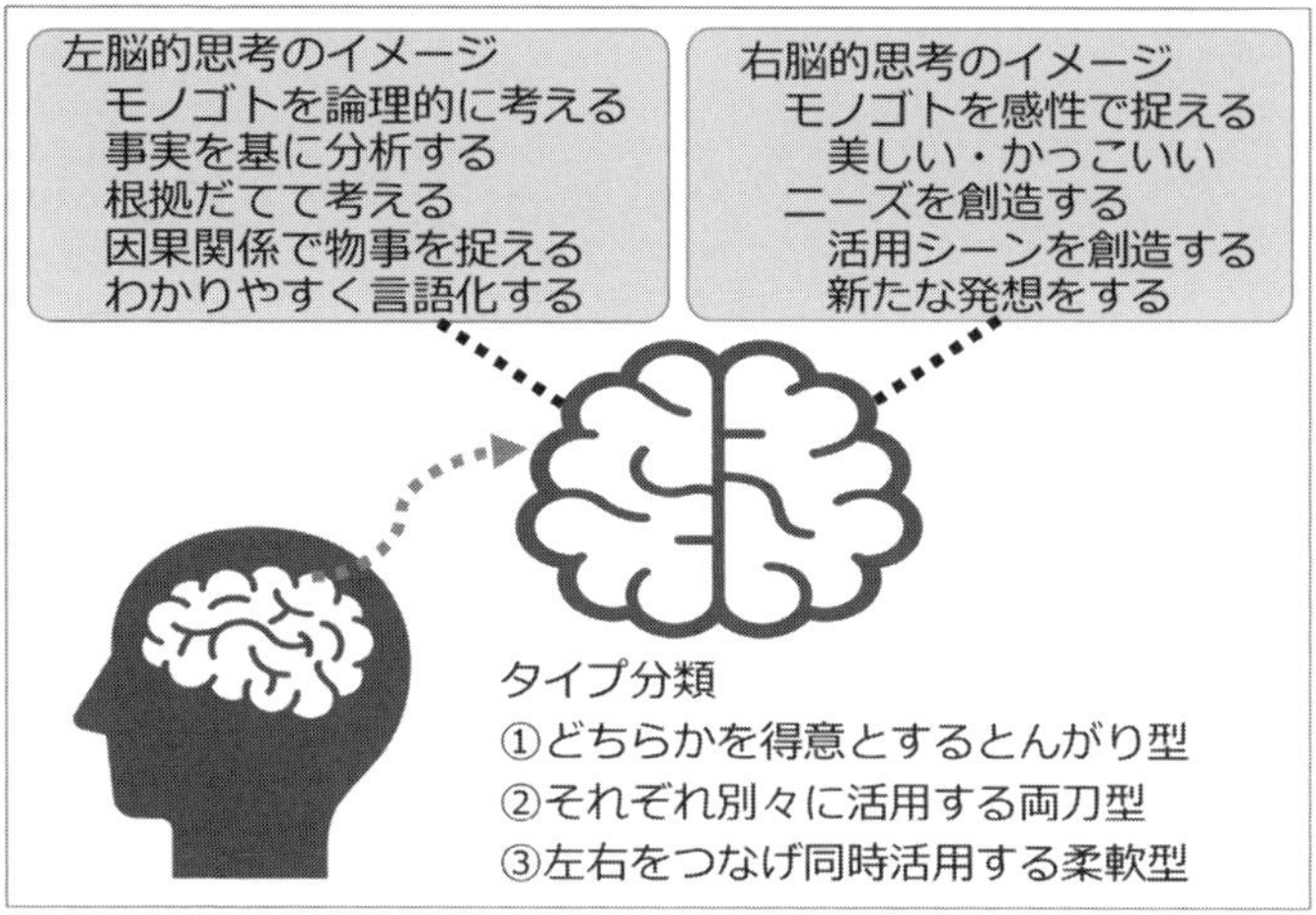
左脳的思考のイメージ
モノゴトを論理的に考える
事実を基に分析する
根拠だてて考える
因果関係で物事を捉える
わかりやすく言語化する
右脳的思考のイメージ
モノゴトを感性で捉える
美しい・かっこいい
ニーズを創造する
活用シーンを創造する
新たな発想をする
タイプ分類
①どちらかを得意とするとんがり型
②それぞれ別々に活用する両刀型
③左右をつなげ同時活用する柔軟型

思考のタイプに合わせて、教え方を切り替える

初期段階では、能力ではなく思考のタイプに合わせていくことが重要です(図表22)。あなたに、「ご自身は感覚派ですか？　論理派ですか？」と尋ねたらどちらでしょうか？

私自身は「どちらか？」ときかれたらインプットは感覚派、アウトプットは論理派と答えます。状況やジャンルによって感覚的に思考するか、論理的に思考するかは異なってきますが、仕事柄アウトプットは誰にでもわかるように論理的に実践しようと思考をすることが習慣づけられていますので、コミュニケーション上は論理派だと思われがちです。インプットの際はイメージで理解をしていくことが多く、内容をきめ細かく吸収するよりも、「つまり○○ということだな」と変換していきます。因果や根拠を基には考えますが、「わかった」という段階まで感覚的に到達することを重要視しています。そのため、文章でインプットを受けたときは自分で図示したり、相関図をつくったりと、関連性を絵に描いていくことが多いです。「ピンときた」という感覚までたどりつくことを大切にしています。

一方で、相手のタイプを判断するときは、その判断材料となる相手とのコミュニケーションを通じて感じ取ろうとします。相手のアウトプットのスタイルを見て、感覚的なタイプか、論理的なタイプかを考えます。「そこが情報として最もキャッチしやすいから」がその理由です。

しかし、特にキャリア初期におけるコミュニケーションという意味では、インプットのタイプについて着目し、本人が吸収しやすいスタイルを取っていくことが重要です。インプットの際の、論理的、感覚的ということが何を示しているかいくつか例を挙げていきます。

例えば、文字情報のほうが頭に入る人と、画像情報のほうが頭に入る人の違いです。同じ内容を表現するならば、「文字情報」のほうが論理的に、言葉を使ってきめ細かく表現されます。読み込みに時間がかかるのが難点です。一方で、図やグラフなど「画像情報」で表現すると直感的にイメージがつかめます。ただし細かな情報は言葉で網羅しにくく、人によって捉え方にギャップが発生しやすくなります。「読めばわかる」、と「見ればわかる」の違いです。

オフィスソフトでいえば、Ｗｏｒｄタイプの文章情報を「得意とする人」と、「苦手とする人」の違いです。本を読むのが得意、漫画のほうが得意という例もあてはまるかもしれません。あなたはどちらでしょうか。

あるいは、こんなケースはどうでしょう。あなたが旅行先で今まで体験したことのないレジャーをやることになりました。これからやることをインストラクターが説明をしてくれます。２人のインストラクターがいますので、どちらかを選ぶことができます。それぞれの紹介にはこんなことが書いてあります。

Ａさんは「まずはこうしてみましょう」と一緒にやりながら一歩一歩順を追って説明していきます。「参加者からはいつの間にかできていた。すごくわかりやすかった」といった声が多いです。

Ｂさんはまず成り立ちや仕組みなどを説明し、ポイントや面白味などをしっかりとレクチャーしていきます。まずはしっかりと理解を深めた後、実践開始です。「参加者からは、しっかり理解して楽しむことができた。面白味がよくわかった」という声が多いです。

あなたならどちらを選びますか？

私の場合はどちらかというと、インプットは感覚派です。文字情報より視覚的な情報を好みますし、レジャーなどの場合、早く動きだしたいので、あまりしっかり説明されてもイライラしてしまいます。実際にやってみてもっと知りたいとか、上手くなりたいと感じてからは、論理的な理解を求め始めます。アウトプットが論理派なので、そう見られがちですが、初動は感覚的です。そういった意味では、私はまず少しやってみて、探求していくスタイルのほうが向いているのだと思います。

あなた自身はいかがでしょうか。周りからどう思われているかはアウトプットのスタイルに依存していることが多いので、自身が初めて物事に挑戦するときのことを想像してみてください。

対象となる若手を「観察する」、「意図的にコミュニケーションをとる」などして、初動時のインプットのスタイルを見極め、対応を検討していきましょう。本人にどちらがいいかを直接聞いてもいいですが、本人が「そんなこと考えたことがない」という状況だと、曖昧な回答しか返ってきません。希望を聞いて「○○がよいです」と本人が口でいったとしても、それが適切かどうかは別問題ですので注意が必要です。

【図表23　ＳＬ理論】

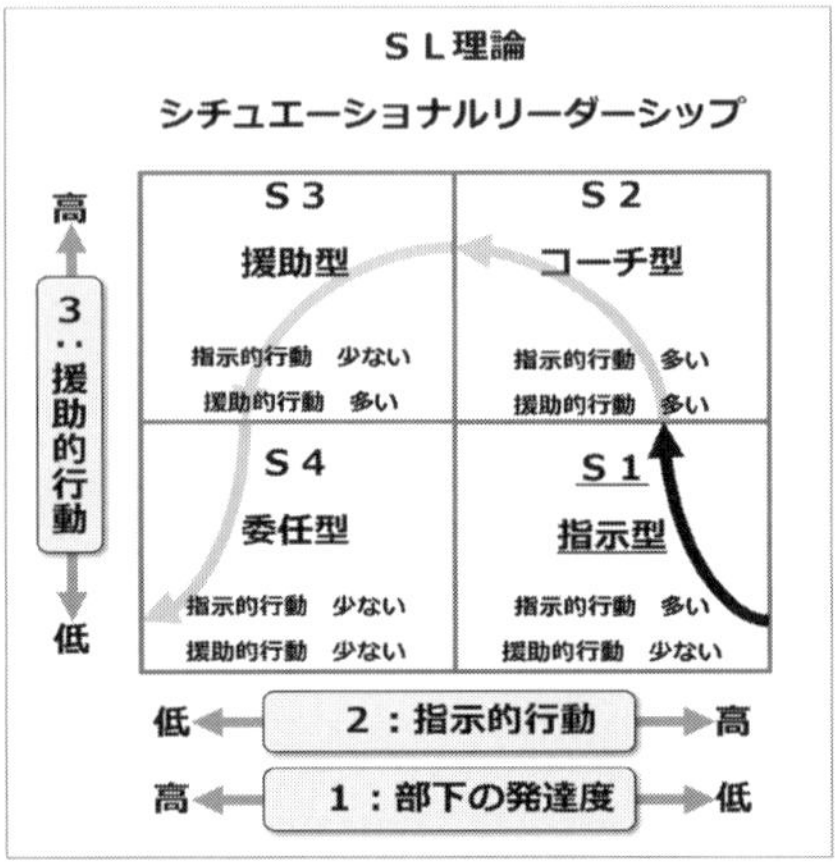

業務習熟度に合わせて、指示レベルを考える

さて、今度は業務習熟度に対する配慮です。進め方を設計する際の、非常に重要なポイントとなります。この考え方を理解するにはＳＬ理論（シチュエーショナルリーダーシップ）がわかりやすいので、この理論の私の解釈を簡単に説明をしていきます。

まずは図表23の下段を見てください。横に両矢印が伸び、部下の発達度と表記されています。今回の場合は、対象となる若手部下の業務習熟の度合いのことを指しています。日々繰り返す業務など、比較的シンプルな業務の場合は高い、低いで示しやすいです。

一方、先の例で言うプロジェクト型など、ミッションそのものが複雑で長期間にわたるものについては、ある部分は成熟度が高いが、他のこの部分は未経験といった形で、仕事内容によって異なる習熟度が混在する状態になります。こういった場合、まず仕事のジャンル別に習熟度を落とし込み、その結果として総合的な習熟度と判断していくとスムーズです。

次は下から２つ目の横向きの両矢印をみてください。こちらは指示的行動の高低となっており、左に行くほど指示行動が少なく、右に行くほど指示行動が多くなります。これは仕事の成熟度が低いほど、指示はきめ細かく具体的になり、一から十までこと細かく具体的な指示をしている状況を示しています。「この仕事はこうやるんだ」と指定している段階です。

もう１つの縦の両矢印は援助的行動の高低を示しています。上に行くほど援助的行動が高くなり、下に行くほど低くなります。援助的行動とは、仕事に対する後方支援活動だとイメージしてください。後方支援活動とは、本人に主体的に取り組んでもらいつつ、報告を受け進捗管理を行い、困ったことがあれば相談に乗って助け舟を出し、調整で困ることがあれば部門間連携を支援していくといった活動です。

この３つの軸を複合して４つの象限「Ｓ１～Ｓ４」に分け対応方法を切り替えていく考え方です。

Ｓ１　「指示型」　指示行動・高　援助行動・低

習熟度が最も低いタイプです。新入社員を想像してもらうとわかりやすいでしょう。最も初期段階で、まっさらで何がわからないかもわからない状態です。その結果、1つひとつの指示も具体的で、きめ細かくなります。

アクションのイメージ

ポイントを5W1Hで単純明快かつ具体的に指示する・役割分担を決める

決定はリーダーが行う・こと細かに監督をする

効果的なアクション　～やってみせる・指示する・決定する

非効果的なアクション　～やってみろ・考えろ・決めろ

この段階ではまだ何もわかっていないことが前提ですので、「自分で考えろ」といっても限界があります。まずは考えられるようになるところまで引き上げる必要があるため、1つひとつ具体的に指示していきます、できるようになったことから徐々に対応方法を変化させ、次のステップに進めていきます。

S2「コーチ型」　指示行動・高　援助行動・高

習熟度が少し高まった状態です。既に習得したことについては、自ら考え行動させ、進捗管理等を通じて本人が主体的に仕事を実践していけるよう支援活動に切り替えていきます。一方、まだまだ覚えることもたくさんある段階なので、新たに習得する仕事についてはきめ細かな指示が必要です。この段階では両者が混在するため、指示行動も援助行動も高くなります。

ポイントは「どの業務を援助型で、どの業務を指示型で」という切替を本人と共有し、個々の業務別のスタンスの違いについて、相互理解をしながら進めていくことです。この意思疎通を怠ったり、曖昧にしたりすると、若手部下は都度スタンスがコロコロ変わり、「どうしたらいいのかわからない」と混乱してしまうので注意が必要です。

アクションのイメージ

理解が深まっている分野について

ポイントを５Ｗ１Ｈで説明し根拠を示す・決定を説明し疑問点を質問させる

双方向で対話し意見交換をする・役割について説明し主体的行動を促す

改善、向上が見られたときは褒めて、目的から行動が逸れたら修正する

効果的なアクション　～説明する・説得する・対話する・自ら考えさせる

非効果的なアクション　～決めつける・やり方を指定する・一方的に伝える

※これから新たに覚える内容についてはｓ１と同様の対応

Ｓ３　「援助型」　指示行動・低　援助行動・高

習熟度がだいぶ高まってきた状態です。おおよその業務を１人でこなせるようになっている段階まで到達しているグループです。中堅クラスに達しており、主体的に仕事を進めてもらう現場のエースプレイヤークラスの働きを期待する段階です（このグループの初期はまだエースまでは到達して

おらず、エース候補といった段階です)。
担当分野について、直接一緒に仕事をするスタイルから報連相を通じた間接的な統制に切り替えを進めていきます。また状況に応じて担当分野の計画の素案作成を担ってもらうケースもできます。そのためきめ細かい具体的な指示量は減り、援助活動が中心となっていきます。
アクションのイメージ
積極的なインプット(意見・低減)をしてくれるように奨励
投げかけの量を増やし、積極的に相手の話を聞く・相手に考えさせ合意する
新たなチャレンジを支持する・よいアクションを褒め、後押しする
効果的なアクション ~助言する・励ます・権限を付与する
非効果的なアクション ~指示する・へり下る・保護する

S4 「委任型」 指示行動・低 援助行動・低

習熟度がかなり高まり、自らの意思を持って、新たなことにチャレンジできる段階まできています。ここまでくると、具体的な指示行動はほとんどなくなります。本人の力が高まっているため、援助行動も必要なくなってきます。一領域を思い切って委任し、本人に責任感を持って仕事のタクト(指揮棒)をふるってもらいます。注意するという意味では、委任したとしても最終責任はあなた自身にあるため、計画合意と報連相(進捗管理)は必須であることです。

報告が上がってきたときに、「委任したんだから報告もいらない」とか、内容を聞かずに「任せたんだから思い切ってやれ」といった発言をすると、自分の管理から外れてしまい、いざというときの支援活動ができなくなってしまいます。委任する際に、「最終責任は私が取るから思い切ってやれ」とはっきりと伝え、報告は怠らないよう指示しましょう。

また過度に相談にくるようなケースは、答えを出さず、どうしたらいいかを考えさせる発問を行いましょう。判断基準が事前に統合できていれば、相手の口を開かせる形で現状について語らせていけば、一定レベルまで整理することが可能です。

アクションのイメージ

仕事を委任し緩やかに監督する・大きな夢を持たせる・成果を認め褒める

効果的なアクション　～委任する・観察する・投げかける

非効果的なアクション　～介入する・放任する・具体策を指示する

さて、ＳＬ理論について説明をして参りましたが、本章のテーマである部下のモチベーションアップというテーマは、Ｓ１～Ｓ２の領域での対応です。

この段階では指示的行動の量が多く、習熟度の向上につれ、徐々に援助的行動を増やしていく段階です。若手部下の習熟度の進展を見ながら、適正なバランスを保つようアプローチをしていきましょう。この「ＳＬ理論・若手部下の習熟度に合わせて対応を変えていくという方法論」は、この後のステップでも都度でてくる重要ポイントとなりますので、覚えておいてください。

6 【実践段階】様々な視点で見る若手部下のタイプ

習熟度別の進め方の設計ができたら、最後に検討していくのは個別アプローチの方法論です。入口としては論理派、感覚派について考えてきましたが、ここでは更にコミュニケーションを取る際にどんな投げかけをしていくかを考えていきましょう。２つほど例示をしていきます。

①自分のためタイプと、他人のためタイプ

思考タイプとしての軸が、自分にあるか、他人にあるかで、投げかけをする際の言葉使いが異なってきます。「自分のためタイプ」は本人がどう感じるかを主としたほうが響きやすいタイプです。「○○のほうが仕事として面白いだろう」とか、「どうせやるなら、こっちのほうがやりがいもあるだろう」といった投げかけです。

「他人のためタイプ」は、相手が喜んでくれるかどうかがポイントとなるタイプです。「○○のほうが、お客様が喜んでくれると思わないか」とか、「先日のあの提案、○○さんが喜んでたぞ。御礼を言ってくれってわざわざ電話をもらったよ」といった感じです。社内の連携先や、職場内のメンバーでも喜びを感じます。自分が一生懸命やったことで、「他人が喜んでくれること」にやりがいを感じるタイプなので、そこにフォーカスを当てて投げかけを行います。

習熟度が論理的に捉える側面であるとしたら、こちらはどちらかというと感性面でしょう。若手部下が喜びを感じるポイントに合わせて投げかけ方を変えることで、相手の気持ちを盛り上げ、まっすぐに向けていく効果があります。

②狩猟民族タイプと、農耕民族タイプ（図表24）

こちらは私が平素から独自に考えているパターンですが、働き方のタイプを狩猟派、農耕派（図表24）で分類し対応を変えていくものです。どちらがよい悪いではなく特徴を捉えるものと解釈してください。

狩猟民族タイプ

図表24の左側の象限は狩人《かりうど》のことを指しています。イメージのとおり、武器を持って獲物を取ってくることを得意としているタイプです。外に出ていくのが得意であり、成果に対してしっかりとした感覚を持っています。

縦軸は論理派と感覚派で分割しています。

左上の象限が論理派の狩人で、マンモスのような大物を、組織的に、かつ論理的に追い込んでいく働き方を得意とするタイプです。戦略に長けて、チームメンバーのよさを上手く生かしながら集団で戦うため、大きな獲物を獲得することもできます。

【図表24　狩猟、農耕マトリクス】

左下に来るのが感覚派の狩人です。こちらは豊かな経験を活かし、直観的に獲物を取ることを得意とし、単独行動を好むタイプです。よく「勘」という言葉を使いますが、言葉になっていないだけで、これまで積み上げてきた経験をベースに、暗黙知を活用し瞬間的に判断を下します。周囲から見ると直感的に（何も考えないで）行動して見えています。最終判断を下すタイミングでは、自分の中では経験を統計的に処理していますが、根拠を言葉にすることを苦手とします。人には説明できないため、団体戦は向きません。面倒な作業支援はしてほしいものの、基本的には単独行動を好みます。他人にわかりやすく説明するのが苦手で、コミュニケーションを後回しにしがちです。

様々な背景にアンテナを立て、風向きを読み、鋭い判断で行動し、しっかりと獲物をとってくるという意味では、プロフェッショナルな専門職タイプと言えます。

農耕民族タイプ

図表24の横軸・右側の象限に位置させている農耕派は、いわゆる農家のイメージです。道具を使って田畑を耕し、じっくりと成果をあげていこうとするタイプです。派手さはありませんが、苦労を厭わず、目的・目標に向かって真摯に取り組むことを得意としています。

縦軸は同様に論理派と感覚派で分割しています。右上が論理派農耕民で、戦略的（どちらの方向に進んでいくか）かつ計画的（どのくらいのペースで進めるか）に開墾を行い、生産性を高めて行くことが得意です。治水に相当するインフラ構築まで視野に入れて、効果的に取り組みを進めるタイプです。

一方で右下にくるのが感覚派の農耕民です。他の３象限はあくまで特性として、それぞれのよさを捉えています。基本的にはスタイルの異なる仕事人であり、プロフェッショナルです。しかし、４つ目の感覚派農耕民は要注意キャラクターとして設定しています。

真面目で真摯に仕事をするという意味ではよいのですが、このタイプは、目の前の畑を一生懸命耕すと、今日も「いい汗をかいた（しっかり働いた）」と自己満足してしまい、そこで思考がストップしてしまうタイプです。

「毎日同じことだけを真面目に正確にやっていてほしい」という分担であればそれでもよいのですが、変化の激しいこの時代、１人ひとりが持ち場で頭をフル稼働させることが求められます。そんな中、いい汗かいたからＯＫと自分で線を引いてしまうタイプは、問題意識がないため、現状維持ベースで新たなアクションを起こしません。

経済が発展期にあり放っておいても業績が伸びている時代はそれでもよかったもしれませんが、少子高齢化等で市場が自然に縮小している現在は、何もしなければ事業は縮小均衡になり、じわじわと目減りし衰退していきます。このタイプを放置して、チームとして黙認してしまうと、後から入っている若手メンバーの悪い見本となっていきます。

早い段階で他の方向へポジションチェンジできるように背中を押してあげる必要があります。思考を停止し、言われたことしかやらなくなってしまっている若手などはまさにここにあたります。

さて、ここまで4つの象限について説明してきました。活用するためには、まずは本人が今どのタイプに属しているか分析していきますが、職種や分担によって後天的に変化させていくことも可能です。

私自身も企業にいるときは農耕派でしたが、現在はかなり狩猟寄りになっています。本人にその気があれば、必要なスタイルを後から習得することが可能です。また、この分類方法を上手く活用するために、私が行っていることが2つあります。

1つは「メンバーのキャラクターを際立たせる」ための後押しです。キャリアの進展に合わせて、少しずつ特色がでてきたならば、組織としての期待や、本人の希望も鑑みた上で、進むべき方向に向かって背中を押していくことが育成のために必要になってきます。キャラクターの特性をつかむことで、周囲に「○○なよい所がある」とわかりやすくPRし、個々のキャリアの方向づけと、後押しに活用しています。

もう1つは、先ほども少し触れた感覚的農耕民タイプを、少しでも早い段階で別のタイプに切り替えていくための早期発見ツールとしての活用です。思考停止組の判定をしているといっても過言ではないので、そういったメンバーをいかに刺激して活躍してもらうかという視点でアプローチをします。日々の声掛けの中で、少し中期的な視点で話をして、将来を踏まえて少しずつやりがいを持つことの重要性や、問題意識の持ち方などを刷り込んでいきます。

ちょっと注意しておきたいのが、時々どの象限にも当てはまらない人がでてくることです。職種にもよるのでしょうが、しばしば当て嵌めようがない人がでてきます。言葉使いが正しいかどうかは別ですが、私はわかりやすく整理するために「遊牧民」と定義をしてグループを分けています。分類上の定住地を持たない移動型という設定です。考え方・価値観の根本部分が異なるタイプです。

例えばこんなパターンです。

Aさん「この仕事も好きだし、職場に不満もないけど、しばらく休憩したいので退職します」

上司「えっどういうこと？」びっくりして少し話をきくとこんな感じです。

上司「やめた後、どうするの？」

Aさん「海外でもいってしばらくのんびりくらします」

上司「えっ。その後はどうするの？」

Aさん「まああまり考えてませんが、また別の仕事を探すでしょうね」

上司「それで不安はないの？」

Aさん「まぁなんとか生きてはいけると思いますよ」

これはこれで、その人の価値観なのですが、人材育成という観点から見ると、継続して活躍してほしいという前提に立っていますので、考え方的に相容れません。当てはまらない人は、無理やり分類に当てこまず、個別対応としています。そのための名称として「その他」に近い意味で、一応グループをつくったということです。「すべての人をタイプで分類できるわけではなく例外もいる」ということを頭の片隅に入れていただければ結構です。

③仕事の開始時期を指示するか、締め切りを指示するか

先の考え方を、具体的に活かした例がこちらです。仕事の指示を出す際に、狩猟民族タイプには開始時期を指示します。瞬発力がある狩人タイプは、始めるタイミングを指示すれば動き出しますので、まずスタートを切らせます。その上で進捗管理に入ります。また本人が安心して戦える環境整備や後方支援の充実をはかります。

一方、農耕民族・論理派の場合は締め切りを指示します。そもそも緻密に戦略、計画を立てて進めていきたいタイプですから、与えられた時間を有効に活用することを意識させ、「主体的に動いていいよ」という意思表示をしていきます。進行をいくつかのタームに区切って、進捗報告を求めることで、意思疎通を図ることを忘れないよう注意しましょう。

農耕民族・感覚派は、自己評価としては「自分は頑張っている」と思っていますし、それで充実感も感じているため、やっかいです。「自分はできている(一生懸命やっている)」と思っているため、多少の投げかけではなかなか響きません。「自分はできている（一生懸命やっている)」という感覚から脱却させない限り、締め切りを示しても「ちゃんとやってますよ」という感覚から抜け出せません。「締め切りを指定することで、業務計画を立てて進め方を考えて効率をあげるように」と話をしても、「ゴールはわかったので、そこに向かって毎日一生懸命やりますよ」としか感じません。「間に合うかどうかは、やってみないとわからない」と言って終わりです。

そのためにもタイミングを見て、環境を変えてあげるなど、他の属性に転じることができるよう意図してポジションチェンジを促す必要があります。新たなことにチャレンジさせることや、現状よりもハイレベルな集団と交わらせ、「あれっ俺って仕事できる派だと思ってたんだけど」と危機感を感じさせるなど少々荒療治が必要となります。

そのまま放置すると、時間が経過するほど仕事に対するスタンスを変化させにくくなりますので、できるだけキャリアの早い段階での対応をおすすめします。

④インタラクティブ（双方向）なコミュニケーションを欠かさない

進行上の留意点としては、相手と双方向で意思疎通をしていくことです。特にS2の領域に入ったときは要注意です。何も伝えずに、こちら側だけで「さじ加減」を調整して統制しようとすると、相手にその意思が伝わらず、状況に応じてスタンスがコロコロ変わると取られ、いらぬストレスを与えてしまいます。

言われる側にしてみれば、「この前は自分で考えて行動しろといっていたのに、今日はまた細々と話をしてくるし。いったいどうしたらいいのか」という感覚になってしまいます。

こちらからすれば、「これまでやってきたことと、そうでない新しいことで同じ対応になるわけがない」と思っていますし、しっかりと使い分けているつもりですが、相手はあなたよりキャリアの浅い若手です。なかなかこちらと同じ理解度にはなりません。

そのため、「ここからここまでは、既に経験を積んだ内容なので、自主的に考えてどんどん動け！何かあったらサポートするから報連相は徹底しろよ」これが習熟度の高まった業務への対応です。合わせて「この分野については、新たに教えていく領域なので、○○頃までに習得できるよう、きめ細かく指示をしていくから、その頃までに1人でできるようにレベルアップをしていこう。もう大丈夫そうになったら、他の仕事と同じように任せていくようにするから、それまでしっかりと取り組んでいこう！」といった話を付け加えてきます。

2つのスタンスが同時進行で混在していることを若手にも明確に伝えることで、理解度が深まり、より早く習得しようとするアクションにもつながります。習得が必要な業務の消込表を用意し、仕事の進捗管理の中で、項目別にチェックを入れるなどの工夫をし、しっかりと共通理解を深めながら進んでいきましょう。

7 【実践段階】メンタル面への配慮―相手への期待を言葉にする

さて、ここまで若手部下の「特徴やタイプ」と、「進め方」をマッチングさせることで、ギャップやストレスを小さくし、スムーズに育成をしていく体制づくりについて考えてきました。次はモチベーションを向上させるためのアプローチです。

「モチベーション」とは行動を起こすための「動機」のことを表し、端的に言えば仕事への意欲のことを示しています。

「モチベーションをあげる」ということは、仕事に対する「意欲」を引き出すことを指しており、「動機づけ」と呼ばれます。つまり「やる気を引き出すにはどうしたらよいか」、がテーマです。

「若手部下のやる気を引き出す」という意味でいえば、かつてのように出世競争を軸に、メンバー同士の競争意識を煽るスタイルは厳しくなっていると言えるでしょう。理由は、これまで扱ってきた時代背景や調査結果の分析などから、世の中の変化に起因していることは既にご承知のとおりです。そういった中で、重要となるポイントはどんなことなのかを考えていきましょう。

動機づけの理論

動機づけについての理論を１つ挙げておくと、ダグラス・マクレガーの提唱した「Ｘ理論とＹ理論」というものがあります。性善説と性悪説を仕事に置き換え、例示したものと考えればイメージがつきやすいでしょう。

Y理論（性善説的）

部下は仕事を遊びと同じように楽しむ（やりがいのある）ことと見ている。

目標をコミットしている部下は自らを追い込んで働くものである。

普通の人は責任を引き受ける術を身につけていき、進んで引き受けるようにさえなる。

創造的な意思決定をできる能力は集団全体に分散しており、管理層に限られない。

X理論（性悪説的）

部下はそもそも仕事が嫌いで、できればいつでも仕事を避けようとする。

「強制する・罰を与えるぞと脅す」といった働きかけをしないと望ましい目標達成ができない。

部下は責任を回避したがり、できる限り公式の指示を求めようとする。

たいていの部下は仕事に伴う要素の中で、何より安全を重視し、あまり野心を持たない。

「そもそも人とは」という話は、この理論以外にも様々なものがあります。歴史上の様々な発展段階において、必要に応じて発展してきたものです。例えばX理論の発想でいえば、資本家階級と労働者階級の格差が激しかった時代に「資本家側がマネジメントを考えればこうなっただろうな」といった感じです。極端に捉えると、生産設備を持ち、優位な立場にいる資本家側が労働者に作業（仕事）を与えてあげている（資本家側からの目線）という状況です。「やりがい」といった話はどうでもよく、規定通りに速く正確に動き続けてくれることが重要視されたでしょう。毎日毎日長時間にわたり、こういった労働を続けていけば、いつしか相手はX理論的になっていき、アメとムチを使って命令、統制をしていくことが合理的だったのでしょう。

それでも生活が貧しかった時代は働きました。モノが不足していた時代は、「もっといいモノ」の前に、そもそも「モノがない・不足している」状況であったため、これでも話は成立しました。

一方で経済社会が発展し、モノが豊富な時代になってくると、「もっといいモノ」が求められてきます。また技術の進展スピードが上がっていることで変化も加速していき、「さらによいモノ」をより短い時間で求められるようになっていきます。

その結果、徐々に1人ひとりが創造的な力を発揮することが求められるようになっていきます。決められたことを、決められたとおりに実行する形から、状況に合わせて考えて行動することが求められるようになると、自然とX理論的な発想ではうまくいかなくなっていきます。その結果として代替する新しい考え方が必要となります。

マーケティングコンセプトでいう生産志向・販売志向から顧客志向へシフトしていくことと連動し、Y理論的な考え方が必要になってきたと考えるとわかりやすいでしょう（理論としては両者を比較する形で成立させているので同時に出てきます）。お客様の立場で考え、そのニーズに応え差別化を図るには、1人ひとりの行動が重要になります。また経済社会の発展の中で、3次産業化（農業、工業からサービス業へウェイトがシフトしていくこと）が進んだことも背景にあるでしょう。

従業員とお客様の接点の重要性が高まるほど、Y理論的な考え方が重要となります。

現在の社会情勢を考えるとどうでしょうか。モノが溢れた豊かな時代になった現在では、X理論のように命令と統制を受けて、アメとムチで働く気になるでしょうか。「それしか働き口がない」か「麻痺してしまって気づかない」といった状況であれば別ですが、そうでなければ命令と統制ではなかなか人は動きません。

情報が少なかった時代は、「こういうものなんだ」と感覚が麻痺しやすい状況にありましたが、SNS時代の今は周囲の友人知人からの生情報がリアルタイムで入ってきますので、周囲から「おまえのところおかしいよ」と言われ、早い段階で気づきます。理論が構成された背景とは違う意味でも、個々を大切にするY理論的な考え方が重要となってきています。

Y理論での関わり合いに方向づけていく

さて、「若手部下をどう扱うか」と考えるとどうでしょうか。「まっさら」な状態で接するという意味では、この先どう転ぶかは「あなた次第」と言えます。入ってきたときから既にX理論状態であれば難しいかもしれませんが、はじめは中身が漠然としてはいても、「目を輝かせている」状況です。スタイルが固まる前に、Y理論タイプになるよう接していくことが重要です。

一方で、職場全体の環境に左右されるのも実態としてあるでしょう。後輩に仕事を押しつける先輩がいるとか、意見を言うと「じゃあ。お前がやれ」といったアクションが起こる職場では、どんどんどんX理論寄りになっていきます。声を発せば仕事が増え、余裕を見せると他人の仕事を押しつけられる環境では、仕事を避けるようになり、要領よく立ち回ろうとするエネルギーが発生します。こうなると若手のエネルギーは前向きには働きません。

もし現在の環境の中にこう言った空気があるようであれば、若手部下が力をつけるまで（自らの力で降りかかる火の粉に毅然と対応できるようになるまで）の間、メンタル面が斜めの方向に向かわないように注意し、まっすぐに育てていくために盾となる必要もあるでしょう。よくない先輩たちから悪い影響を受けないよう、植物をまっすぐ伸ばすための支柱のような役割を果たし、若手部下を保護していく必要があります。

目を輝かせている段階で、「動機づけ」に対してアプローチし、Y理論型タイプとなるようまっすぐと育成していくことが大切です。

次は、その具体的な要素について考えていきましょう。

組織目的を明示する―頑張ることによる公のメリット

こちらは既に自チームの目的として伝えてある「共通目的」と連動しています。今回担当してもらっているこの仕事は、「全体の中でこの役割を担っており、お客様満足に対しこのように役に立っている」ということを具体的に説明していくことです。役割を与えられた段階で説明されても、なかなか実感が湧かないケースもありますので、進捗管理の過程の中で、その都度繰り返し説明し続け、浸透させていくことが重要です。あなたからすると気恥ずかしいこともあり、1回言ったことで、「しっかり伝えた」と解釈したくなる場合もあるかと思います。

しかし相手は深く理解できていないケースがほとんどです。ことあるごとにメッセージとして発信し続けてください。経験を積み重ねていくことで「最近、言ってもらっている意味が少しわかってきました」と反応をもらうことができるようになっていきます。

個人のやりがいについて意思疎通する―私（シ）のメリット

こちらは自チームの目的達成に参画することによる本人のメリットのことを指しています。将来のために「○○についての経験を積むことができる」とか、「○○に関わると、こんなところが楽しくなってくるよ」といった投げかけです。

チームに貢献することが、若手部下自身にとってのメリットと上手く（できるだけ直接的に）つなげてあげることが重要です。配属や分担が、本人の希望と合致していれば、自然と産まれてくるものでもありますが、ギャップが大きいケースは丁寧なフォローが必要となります。

また、希望とのギャップの前に具体的にこんなことがしたいという職種イメージを持っていないケースもあります。この場合はどの職種についても魅力を感じるアンテナが低くなっているため、仕事の面白味をしっかりと説明していくことがポイントとなります。個々の持つ価値観を踏まえ、共感できる接点を探してあげてください。

外発的動機づけと内発的動機づけ

ここでもう1つ理論を押さえておきましょう。外発的動機づけと内発的動機づけです。

外発的動機づけとは、「対外的な働きかけによって、動機づけられ、行動を起こすもの」を指しています。例えば、賃金、賞与、評価といった報酬や賞罰的な要素が挙げられます。

「あなたが働いている理由は何ですか」といった問いかけをすると、「生活のため」とか、「○○をするためにお金を貯めて」といった回答が返ってくるパターンです。こういった発想になってしまうと、自ら深く仕事に向き合うのが難しい状況となってしまいます。

先日少々衝撃的だったのが、「仕事って暇つぶしだよね」と発言した入社半年の社員がいたことです。研修内のグループワークの中で仲間に対して発言していたことなので、公式な発言ではないですが、「本音がこぼれた」という感じです。「まっさらな状態のときに、しっかりと対応しないとこうなってしまうのか」とあらためて痛感しました。まっすぐ向け直すだけでもかなりのエネルギーが必要です。

もう1つは内発的動機づけです。「本人が自発的に、自らを動機づけ行動すること」を指しています。仕事に面白味を感じ、「もっとこうしてみよう」とか「お客様にさらに喜んでいただくためにはどんなことをしたらよいか」を自ら考え行動し、創意工夫を楽しんでいる状況です。こちらに進んでいくと、本人自身が仕事に対し喜びを感じているので、組織にとっても、本人にとっても互いに幸せな状態と言えます。

進捗管理をする中で、「褒める」「励ます」といった活動はどちらにあたるでしょうか。本人が喜びを感じるという意味では、賃金や評価より内発よりではありますが、外から働きかけているという意味では、外発的です。あなたが外から働きかけることで、本人が自身の喜びに気づきを得て、自ら動きだせば、あなたからの外発的動機づけをきっかけに、「若手部下が自らの内発的動機づけで動き始めた」と解釈できます。

つまり若手部下が「個人のやりがいを見出す」ことは、様々な外発的な動機づけをきっかけに、本人が自分なりに解釈し、「内発的な動機づけにたどり着くこと」とも言えます。あなたは、段階に応じて様々な働きかけを通じ、仕事の楽しさや、喜びを伝え、若手が自ら感じることができるように意図的に誘導する役割を担います。若手部下のモチベーションを高めるためには、マイナス要素を排除しつつ、本人自らが楽しみを見つける気づきを与えることが重要となります。

本人の希望と、職務のギャップに注意を払う

また、若手のモチベーションを高めていこうとする際に、特に注意が必要な場面があります。配属の決定や、分担変更、あるいは人事異動といったタイミングです。特に若いうちは「花形となるポジション」への憧れも強く、自身の希望と分担に対するギャップを感じるタイミングもあるでしょう。転退職の理由に「やりたいことをやりたい・やりたいことができなかった」という理由が高頻度であがってきます。分担が希望と合わないケースでは、「チームが目的を果たすための重要な業

務であること」への納得を引き出すことがポイントとなります。また追加で新たな分担を依頼し負荷が高まる段階では、その全体最適に対する貢献をしっかりと伝えていくことで、「このように役に立っているんだ」と自覚させることが重要です。

また初期段階で一人前になったときの仕事量を伝えておくことも有益です。後から勘違いしないように、今がまだ量が少ないだけであることをあらかじめ認識させておくことで、成長に合わせ標準の量に増やすことへの抵抗感を下げることができます。この理解ができていないと、当初の仕事量に対して（はじめが少ないだけなのですが、このときの低生産の状況に対し、賃金が支払われてきたことを標準と解釈している）相応に賃金が上がらないなら、仕事が増えるのはおかしいといった発想をする若手もでてきますので注意しましょう。

目的意識がはっきりしていて、職種や担当について、「どうしても○○がやりたい」と主張するケースもありますが、そもそも担当する人数規模が少ない専門職の場合など自組織では実現が難しい場合もあります。本人が漠然とした憧れでものを言っているケースも多々ありますが、それでも希望が叶わなければ、落胆することは事実です。そんなときこそ１つひとつの仕事に意味があり、それぞれ「お客様に、組織目的に対し貢献しているやりがいがある仕事」であることをしっかり説明し、納得を引き出していきましょう。「なるほど、そういうことか。じゃあやってみよう」という気持ちにいかに導くかがポイントです。

さて、やる気を上手く引き出すことができたならば、キャリアの次のステップを少しずつ見せていくことで、その気持ちを加速させていきます。次はそのステップについて考えていきましょう。

8 【実践段階】ステップアップに向けて

次のステップを見せていく―職務拡大と職務充実

若手部下が上手く前に進み始めることができたなら、次のステップのイメージを見せておくことが重要です。「この山（仕事）を越えると、次はこんなステージ（キャリア）が待っている」とか、「新たなチャレンジ」が待っているといった希望を抱かせていくことがポイントです。

若手が前向きに進み始めたならば、ステップを少しずつ見せていきましょう。次にどのようなことを期待され、求められるようになるのかが見えていれば、現状の職務の中でも予測してアンテナをたてていくことができます。

初期段階では大きく言えば、職務拡大と職務充実の２つの方向がありますので、それぞれについて考えていきましょう。

職務拡大

現状の業務に対し水平的な職務の拡大を行うものです。端的に言えば、できる仕事の種類を増やしていくことで色々できるようになる、あるいは担当の量を増やし、たくさんこなす形です。

若手本人からすると、もっと「○○もできるようになる」ということになります。この際、「一人前になるためには、このくらい基本技術がある」という全体感を示し、「いつまでに何を覚えていくのか」を本人にも把握させながら進めていくと効果的です。

職務充実

こちらは職務の垂直的な拡大（充実化＝深堀り）をするタイプです。仕事の質や専門性を高めていくことを示しており、より深く追求したり、創意工夫を重ねたりすることを求めていきます。段階に応じて徐々に権限委譲を進め、より主体的に仕事に取り組んでもらうようアプローチをしていくタイプです。

今後の進み方のイメージを共有する

初めのうちは、次々に覚えることが出てくるのは、若手本人も当然のように感じると思いますが、ゴールが見えない戦いになると、苦しいですし、心が折れやすくなります。事前に準備している業務フロー等の全体構造を説明しながら、「今年はここまでいこう」とか「3年後にここまで到達して更に次のステップを目指そう」といった共通理解を図ることが重要です。その際、どちらの方向に、どのように進むのかがわからないと本人の思考が働きません、可能な範囲で次のステップを提示することで、相手の心の準備を促す効果も発揮します。

注意しなければいけないのが、「職務拡大に偏らせすぎない」ということです。手数が不足している職場で起こりやすいのが、できるようになってきたからと、あれもこれもと担当業務を広げてしまうことです。一定レベルまで職務を拡大したら、手数が足りないのを少し我慢して、職務充実へアプローチをしていきましょう。職務充実のほうが、思考が深まりやすく、新たなことを考えて挑戦するなどのアクションを起こしやすくなります。

職務拡大に偏りすぎると、すべての業務が広く浅くなり、忙殺されてしまい、「問題意識をもつ」、「思考をする」といった次の段階に必要になる自律性を失っていきます。そして疲弊を重ね目の輝きを失っていきます。こうならないよう両者のバランスに注意して進めていきましょう。

能力開発―3つの教育タイプ―どの段階で何を提示するか

若手部下の業務習熟度の進展に合わせ、次にどのような育成アクションをとるのかは、事前に考えておくことが重要です。習熟度は「いまはここの段階」とデジタルに線引きできるものではなく、ジワジワと目に見えない形で、進展していくので、そろそろかなと思ったときにタイミングよく前向きなエネルギーをもった刺激を与えることが効果的です。

期待レベルに到達してから考え始め、「次のステップで何をさせよう?」と考えていると、後手を踏みやすく、タイムリーな対応ができません。若手部下の育成を停滞させることがないように注意しましょう。能力開発のための教育体系には大きく3つの分類に分かれますので、状況に応じてそれぞれ考えていきましょう。

OJT（On the Job Training）

これはここまでお話してきた様々な職場内での指導教育を示しています。最も重要かつウェイトが高いものです。実際の仕事を通じて職場内で能力開発を推進します。

Off―JT（Off the Job Training）

こちらは職場外訓練を指しており、日常業務の場を離れて行う能力開発です。内外の専門機関を招いて集合研修を受ける、あるいは講演を聴講する、といったタイプが主流となります。一定程度の経験を積み上げた段階で理論を学ぶことで、経験情報の体系化、最新の情報収集、新たな発想の着想を得るなどの役割を果たします。

このタイプの特徴として費用は会社負担で行うものであることと、勉強的なものだけではなく、実際に体験をすることを含んだものもあることを押さえておきましょう。

私の場合、会社で海外視察研修（ニューヨーク＋シカゴ）に行かせてもらう機会をもらいました。ただ行くだけではなく、視察前にかなりこってりとした座学があり、現在のアメリカの業界がどのようになっているのかを学んでから、実際に現地に行って肌で状況を確認し、レポーティングしていくというものでした。私自身それまでマーケティングについてそれなりに勉強をしていたつもりではいましたが、今一つピンときていなかったというのが本音です。机上の空論的に感じていましたが、実際に現地の状況を見て、「なるほどこういうことか」と理解することができました。環境、条件が異なるので理論だけ学んでも、よく理解ができなかったわけですが、マーケティングの発祥の地を、背景と共に観ることで、「だからこうなんだ」と初めて理解をすることができました。

この経験の後は、同じように理論を見ても、これまでとは違い「そういう理論だとしたら、日本に落とし込むなら…」という発想でアレンジし、役に立つように変換して考えることができ始めました。

ステップを明示し未来を見せる（共有する）

もちろん海外から学べといっているわけではありません。若手にひと皮むけさせる経験を、どのタイミングで、どのように積ませるかを考え、「効果的なプランを事前に用意しておくとよい」ということが主旨となります。

育成上この段階までできたら「こんなことを学んでもらうよ」と伝えておくのも本人のモチベーションアップの効果があります。理論系の研修でも、川上の現場を見るといった体感的なものでもよいので、組み合わせとして用意しておくとよいでしょう。

こういったステップを共有しておけば、「目標到達と認められた」ということにもつながり、本人の承認欲求も満たすことができます。先々のイメージを提示することで、中期的なモチベーションの持続へのアプローチとなっていきます。

若手を育てて戦力化できるかはあなた次第

さて、ここまで、たくさんのことを考えてきました。やることはたくさんありますが、経済が発展段階にあった時代は「そこまでやらなくてもなんとかなっていた」だけで、本質的にはどれも「もともと本来やらなければならないこと」だということもできます。

また、「まっさら」な状態の若手の「仕事のキャリア」をスムーズにスタートさせ、まっすぐ前に向け、自力で前に進む力をつけさせることができるかどうかは、「あなた次第」であると、ご理解いただけたのではないでしょうか。中期的な組織の未来を考えていけば、若手育成に成功するか否かは企業としての運命の分かれ道ともなります。

募集すれば新たな人材が入ってきた時代は、「生き残ったメンバーで戦う」という方法を取ることもできました。そこが現在との大きな違いです。若手人材を各社が奪い合う状況の中で、獲得した「まっさら」な若手をいかに育て、戦力化することができるかは、非常に重要なポイントであると言えます。

あなた自身の仕事を充実させていくためにも、その力となる若手部下を育成していくことは重要な要素です。若手部下が自ら前向きに取組みを始めるまで、１つひとつ着実に取り組み、前進させていきましょう。

コラム：労働時間の上限規制

これから社会人になる若手部下にとってのスタンダードが労働時間の上限規制です。これまでは一定時間を超える労働時間については割増しで残業代を支払うというものでした。これが大企業は２０１９年から、中小企業は２０２０年から、お金を払えばＯＫではなく、労働時間に上限規制がかかります。つまり「○○時間までしか働いてはいけないという考え方に変わった」ということです。

一方で、ルールはやや複雑で、「特別なケースの場合はここまでいいよ」という措置もあります。図表25を使ってチェックしてみてください。過去のルールと比べて、「どこまでやって大丈夫なのかな？」と考えがちですが、若手は年３６０時間（月平均30時間）、もしくは単月45時間を標準ラインと捉えることでしょう。「この感覚のほうが正しい」状況に世の中はシフトしていきます。もしギャップを感じるようなら、まずは「当たり前の線引き」をしっかりと引き直していきましょう。

【図表25　労働時間の上限規制】

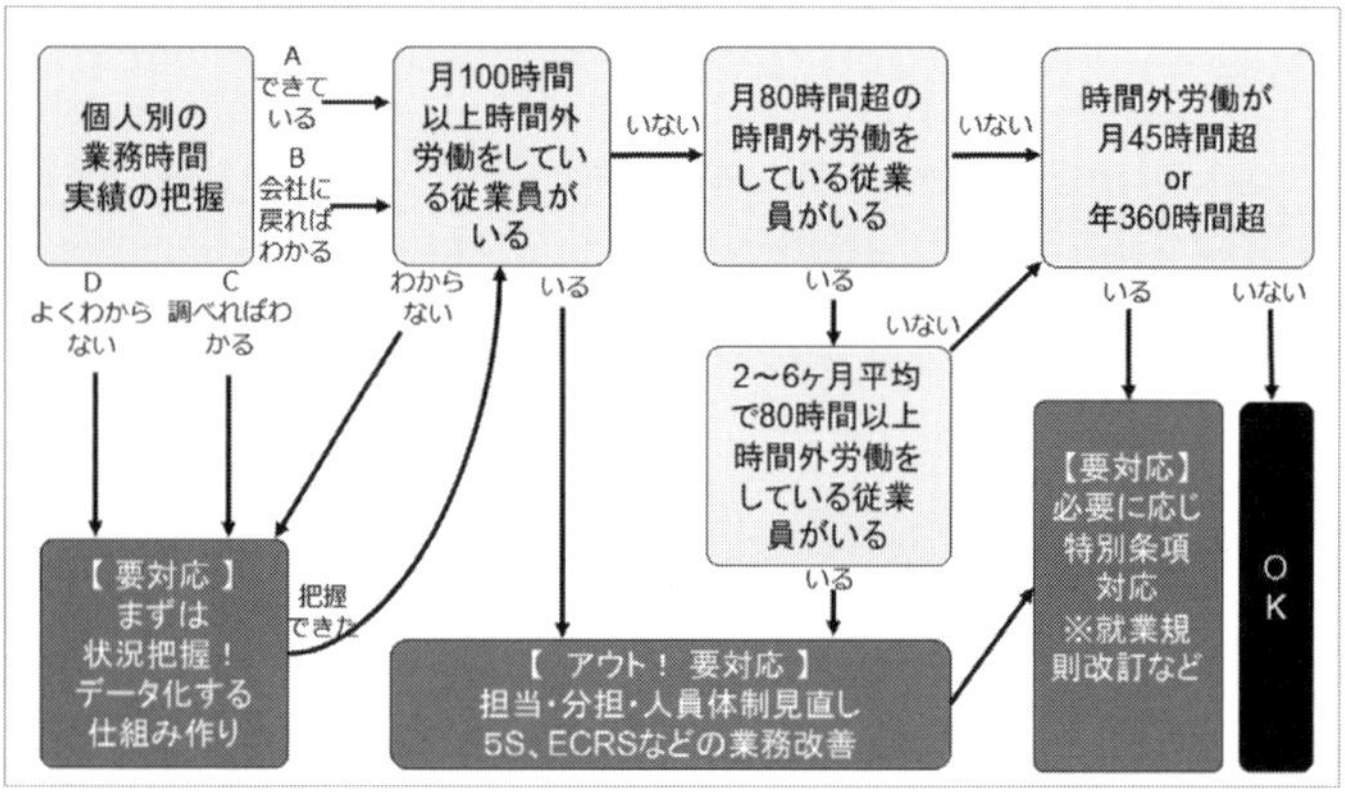

第5章　若手部下をプロとして育てる

——若手育成は1歩ずつ

1　2歩目、3歩目の歩み

若手部下のモチベーションを高めたら

若手部下がモチベーション高く仕事に取り組むことができてきたら、次のステップへ向けてさらに伸ばしていくアプローチをしていきます。プレイヤーとして一人前になったら、さらに能力を高め、より優秀なプレイヤーに育成するため、専門能力を高め、プロフェッショナルなエースプレイヤーに向けレベルを上げていきます。

第5章では、メンバーをプロとして育成していくことについて考えていきます。

変化のスピードが早い

実際にメンバーを「プロフェッショナル」として育成していくにあたり、考える項目の1つに、前章で扱った「SL理論」の「仕事の成熟度を上げる」ことがあがります。「まだ半人前」、とか「そろそろ一人前」といった感じで大きく捉えてよい職種と、きめ細かく捉えていく必要がある職種があります。

かつての経済成長が著しい時代は、今ほど時代の変化のスピードが早くなかったこともあり、自社で価値ある商品・サービスの開発ができたら、今より長い期間「繰り返し」提供することができていました。もちろん業種業態によって差はあるかと思いますが、同業種・同業態同士で比較すれば、少なからず今のほうが、「変化のスピードが速い」ということができるのではないでしょうか。

当時のほうがじっくりとノウハウを蓄積することができましたし、蓄積したノウハウを活用しやすい状況にあったということです。教える側はおおよそどのくらいのレベルまで、仕事を習得したかを把握しやすかったですし、指導教育の進捗管理もしやすい状況でした。

一方、今は物事の変化スピードが早くなっていますので、覚えていくそばから、必要な知識技術がどんどん変わっていきます。覚える知識技術等の取捨選択も重要になってきていますし、次々と新しいことを習得していく必要に迫られています。結果として、習得したノウハウが「活用できるもの」、「古くなってしまって更に新たにブラッシュアップしなければならないもの」「使えなくなってしまったもの」等に分かれていきます。指導教育する側も、習得する側も共に、自らの知識技術を常に刷新しければならない状況となっています。

実際の進捗はＳＬ理論の２つの「段階」が混在する

メンバーの「プロ化」を推進していこうとすると、実際の指導場面では２つの段階が混在した状況になります。指示的行動と呼ばれる個別具体的な指導と、援助的行動と呼ばれるサポート活動の２つです。前者は相手の理解度が低い分野や、新たに習得する分野について活用され、後者は既に習得した分野について活用されるのは、前章で説明したとおりです。

プロ化を進めるステップまでくると、初期段の「S1クラス・指示型」から「S2クラス・コーチ型」へ象限を移していることが多いでしょう。ここでの留意点は、相手のメンタル面への配慮です。指導する側から見ると、指示的行動を行う分野がまだ残っている段階では「まだまだ半人前」であり、成長していることは認めるものの、まだ手放しで仕事を委任する段階には入っていません。

一方で指導される側から見ると、徐々に仕事における熟練度が高まってきていますので、ある程度認めてほしいという欲求がでてきます。こういった段階での指導においては、メンバーの気持ちに配慮することと、指導教育の全体感を示すことの2つが重要となってきます。

習得する仕事の全体感を（再度）示す

まずは1つ目、全体感を示すことです。指導段階及び知識技術の網羅性について、再び論理的に知らしめることが重要です。準備段階で作成したツール（業務フロー図やスキルマップなど）を活用しつつ、1人前と呼べるようになるまでにまだ習得しなければならない項目を明確にし、本人に「まだ学ばなければならないことがある」と改めて認識させる必要があります。

まだ網羅できていない領域を抽象的に表現するのではなく、「あと○○を学ばなければ、基礎技術項目の習得が100％に到達しない」と具体的に理解できるようにすることが重要です。

もちろん「不確定要素」もあれば、「世の中の変化に合わせて追加していくこと」もありますが、それは一人前まで到達しているかどうかに関係なく、あなた自身も含めてすべての人に当てはまることです。まず「ここまで網羅できればOK」という普遍的な基本部分について言及をしていきましょう。

これによって本人に「まだ不足していること・未習得の領域があること」を認識させ、残った領域への取り組みを加速させ、成長速度を上げることに繋げていきます。プレイヤーとして一人前になるための、知識技術の習得活動にラストスパートをかけさせるイメージです。この段階で「仕事ができるようになった」気になり、謙虚に学ぶ心を失ってしまうと、途端に成長速度が鈍ってしまいますので注意をしていきましょう。

メンタル（気持ち）への配慮

もう1つは、精神面への配慮です。「プロ化」を推進していく中で「マズローの欲求5段階説」でいう承認欲求が出てくる段階が訪れます。早いメンバーであれば「S2クラス・コーチ型」の前半でやってくるかもしれません。その際、若手部下をスムーズに伸ばしていくためには、「気持ち」に配慮をしていくことが重要となります。

マズローの欲求5段階説

気持ちへの配慮について、「マズローの欲求5段階説」（図表26）を若手部下育成に特化して解釈することで説明をしていきます（「説」に対する解釈は色々あるかと思いますが、ここでの説明では、「若

【図表26　マズローの欲求５段階説】

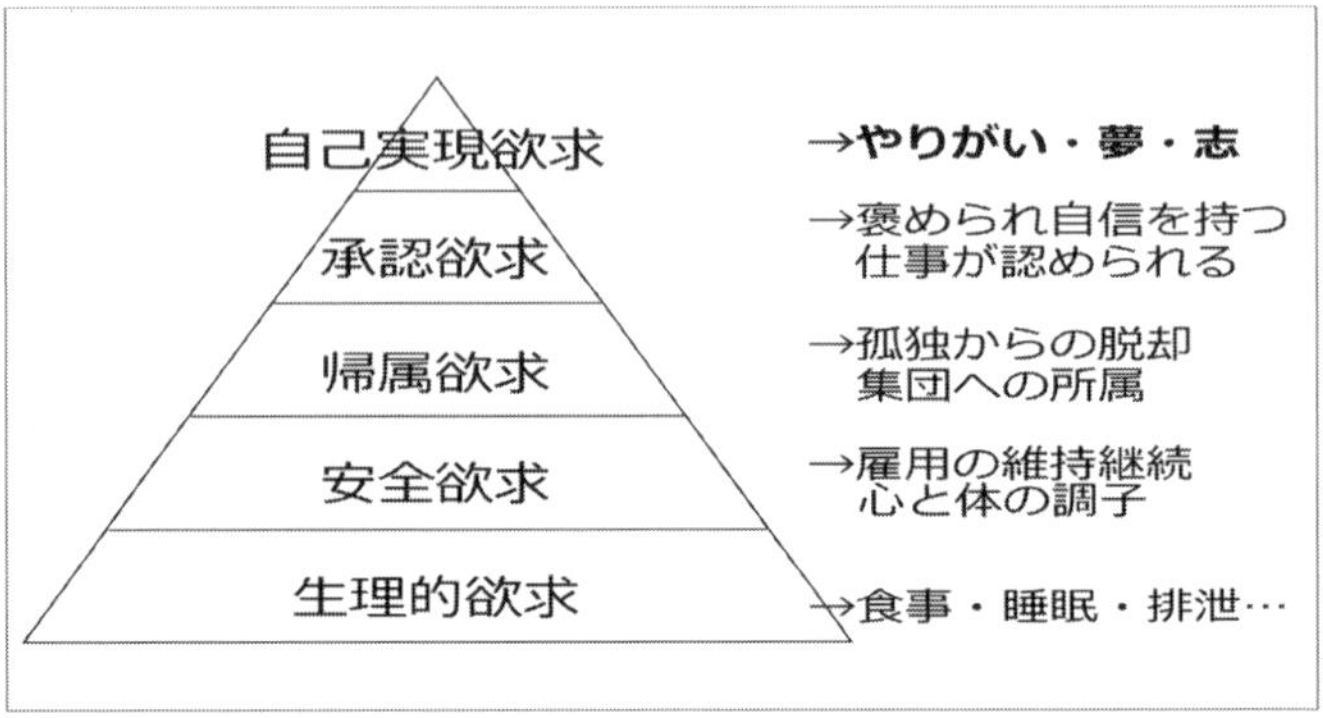

手部下育成のためにこう捉えています」と考えてください）。

そもそも、この考え方は人間の欲求について「大きく5段階」に分けて表現したものとなっており、下段にある欲求（低次欲求）がクリアされると、次の欲求段階（高次欲求）に進んでいくと捉えています。実際にどう進むかはともかくとして、「逆戻り」「1段飛ばし・2段飛ばし」は起きず、一段階ずつ上がっていく考え方が前提となっています。

では1つずつ見ていきましょう。

生理的欲求

最下段は「生理的欲求」となっています。本来の意味では、「お腹がすいた」、「眠い」といった生きるための欲求を表しています（その他様々な動物として生きていくために必須なものが入ります）。まずは「この段階が満たされないと、次の段階へは進まない」という解釈です。

これを今回の論点に合わせ、若手部下本人にとってという意味で解釈すると、「働く場を獲得する」という感じでしょうか。働く場を得ることで、ひとまずは賃金を得ることができます。

社会人として「生きていくために必要な資源」の確保をするためという意味でも、まずは「食い扶」としてお金を稼ぐ必要があります。これを基に様々な生理的欲求を満たす源泉になるとも言えます。まずは生きていくための資源を獲得するために「働く場を得る」ことが必要です。

一方で、何度も論じているようにこのハードルは極端に下がってきています。職を転ずることも含め、この段階は特に問題とならずに次の段階に進んでいける世情となっています。

安全欲求

第２段階は安全欲求です。本来は生命の安全のことを指していますので、飢餓にあったり、病にかかったりといった意味での健康面や、戦乱や災害に巻き込まれたりといった生命の危機にさらされない安心感のことを指しています。いつ自分の身にこういった場面が訪れるかは、不確定要素が高く、絶対にないとは言えません。その確率が自身にとって安心できる状態かどうかという解釈でよいでしょう。

これを若手部下に当てはめると「労働環境」の領域が相当します。狭義でいえばコンプライアンス分野でしょう。「各種法律にそった職場運用がされているかどうか」という側面です。労働時間の遵守、残業、賃金の支払いなどベースとなるルールが守られているかどうかです。

特に「やりがい」等を見出すまでの低次段階では、サービス残業があるかないか、いわゆるブラック職場でないかどうかなどが論点となりやすくなっています。働く場を得るハードルが下がっている状況下で、2段階目の欲求がこういったポイントとなっています。

入社段階で吟味する前提条件となる傾向も高まっています。人事制度や福利厚生など説明可能な労働環境も検討対象に含まれてきます。休みが取りやすい環境なのかといった論点が先行して吟味され、追って賃金制度、評価制度、キャリアプランといった感じでしょうか。

領域としては、会社として整備するものであるため、あなたは、自職場で「制度設計の主旨に沿った運用」がされているかどうかをポイントにすることになります。

制度等の仕組みについてのハード面が狭義の労働環境だとすると、広義で解釈すれば「ソフト面」が入ってきます。こちらは「人間関係」や「組織風土」が論点です。同僚、先輩、上司、2次上司、3次上司、あるいは社内の関連部門や連携先、取引先や顧客関係など、仕事を進めていく上での様々な個々の人間関係が上手くいっているかどうか、あるいはそれぞれが醸し出す組織風土（自然発生的なものを風土、意図して構築したものを文化と使い分けて表現しています）が本人に合っているかどうかといった論点です。

前者で言えば、メンバー本人がいじめだと感じたり、顔を合わせたくないなと思うような人がいたり、組織風土とのミスマッチを感じていると、気持ちが職場から遠ざかっていきやすくなります。ひと昔前（就職氷河期の頃）なら、そうは言っても「やっと入ることができた会社だから」といったタフなメンタル力をつけてクリアしていく壁ですが、他の会社にいくらでも転じることができる今の時代は、「自分にはこの会社に合わないのではないか」と結論づけ、転職に舵を切ることで壁から逃れることができます。もちろんこれを繰り返していては一生成長できないので、推奨しません。しかし現実的には「もっと自分にあった職場があるのでは」と解釈し、早々に離職する事態が発生しやすい環境にあります。

一方で、職場の人間関係は、若手部下を中心に構築されているものではありません。すべてにおいてストレスがないという状況はあり得ないでしょう。若手部下は現場に入った段階では、お客様ではありません。むしろ仕事でお客様と相対することを求められています。当然ですが、おもてなしをされる側ではないのです。

そうは言っても、メンバー自身にとってプラス面、マイナス面を差し引きしてマイナスが上回ることがないように配慮することは重要です。差し引きで全体をマイナスにしてしまい、「○○さんに会いたくない」といった感情が、徐々に増幅されていくような状況があれば、過度にストレスがたまり、自身に対する安全性に不安を感じ、この上の次元にあがれないまま離脱してしまいます。

安全欲求を言い換えると「不安からの解放」と解釈することができます。仕事の熟練度における各段階に応じて不安の内容やレベルは異なりますが、S２の段階において言えば、「朝起きて仕事に行くことに不安はない」という状況が求められます。そのため、プラスの関係の強化、マイナスの関係の緩和（排除）をサポートしていくことが重要となります。

帰属欲求

第3段階は帰属欲求です。本来は集団への帰属のことを指しています。安全欲求が命の安全であるならば、こちらは「群れをなす・仲間とともに暮らす」といった感じでしょうか。農業を営むことで発展してきた日本人にとっては理解しやすい感覚かもしれません。

意味合いとしては、集団に属するだけではなく、「仲間として承認された状態」を指していると考えるべきでしょう。若手部下を想定して解釈する際、メンバー自身が集団に属することができていると感じるのはどんなときでしょうか。自分自身が少なからずチームに貢献し役に立つことができている状況と、メンバーから、「仲間であると信頼関係が構築された」と感じとれる段階まできていれば、帰属欲求は満たされているといえるでしょう。

見習い状態やアシスタントの状態から脱却し、「末席ながらメンバーの一員」と若手部下が感じ取ることができると、次の段階へ進んでいきます。「プロ化」という論点でいえば、このステップをうまくクリアし、次の承認欲求へ進めることが重要です。

まだ一人前になっていない状況で謙虚さを失わせ、「自分はできる」と勘違いさせると、最終的に大きく成長させることにつながりません。一方で「部分的に役割を担うことができる」ようになったなら、「限定的に一人前として扱っていく」ことで、心理面の充実に配慮し、行動を加速させ、次のステップに進めてます。状況を見極めつつ、若手部下のこころの充実を観察し、意図的に次の段階へ押し上げていきましょう。

承認欲求

この段階から高次欲求となりプラス要素に転じていきます。組織の中に所属し、仲間に存在を認められたならば、今度は「活躍を認められたい」という欲求が出てきます。この段階まで来ることができれば、自律的に活動をすることができる領域に入っていきます。

若手部下で言えば、自他ともに担当を1人でしっかりこなせるようになっていると認められている段階です。「責任を持って、分担をこなすことができるようになった」レベルから、いかにしてもう一歩抜け出し、周りからも「エースプレイヤーとして認められる」かどうかを、本人も価値観として持ち始めます。SL理論上では「S2～コーチ型」から「S3～援助型」へ移行し始める段階であり、指導側の活動も援助行動（支援活動）のウェイトが高くなっていきます。具体的に「プロ化」に向かっていくステップです。

仕事における計画立案を支援し、合意後は定期的な打合せ等を通じた進捗管理を軸とし、具体的な指示行動を控え、思い切った行動を支援していきます。ポイントは、若手部下の承認欲求から、次の段階へさらに進めていくために、仕事そのものの「やりがい」に対する気づきを与えていくことでしょう。

また、「エースプレイヤーとしての活躍」への支援と合わせて、チームリーダーとしての役割や、そのやりがいについて、興味関心を引くような投げかけをしていくことも有効です。この段階までくると知識や技術を自分で磨く術は身につけつつあります。

一方で、一生懸命だからこそ視野狭窄になりやすいタイミングでもあります。そのために必要な「俯瞰した目線を持つこと」への意識は、若手部下が自力で得ることは難しいのが実態です。

こんなときこそしっかりと助言する援助行動を取りたいところです。その際のポイントは「2次上長目線」で考えさせることです。「目線を高めていこう」という投げかけをするときに、1つ上の目線で考えると、結果として多くのケースで「あなたと同じ目線で」ということになるでしょう。

この段階の部下は身近な目標としてあなたを見ています。当然リスペクトはされていることでしょうが、議論をする、あるいは追い抜く目標という意味では「ライバル視」している部分もあるのです。そのあなたと「同じ目線」となると、討議する際にフラットな関係になってしまいます。あなたと同じ高さで物を見ようとしても、当然あなたと同じようには見えません。あなたが「部下が想像している」より、もっと高い目線で見ているからです。しかし本人は同じ目線で見ているつもりなので、意見が合わないときに素直に受け入れることができなくなります。

視点をあげて俯瞰力への気づきを与えるという意味では、さらに上の視点まで上げたほうがむしろわかりやすくなります。そのため、若手部下へは本人の2次上司の目線で発想させることがよい塩梅になっていきます。3次上司になると、少々距離が開きすぎて想像できない、あるいは業務対象範囲がずれてしまいやすくなります、もちろんあなた自身も2段階上の目線、つまり若手部下から見ると3次上司の目線を持つことが重要です。あなた自身も高い目線を持とうとアプローチしていることを説明しつつ、部下にもその気づきを与えていくことが効果的です。

自己実現欲求

最終段階は自己実現欲求です。承認欲求が自信をつける段階だとすれば、こちらは「夢」「志」「理念」といったことを考える段階です。「自分自身が何のために仕事をするのか」ということを自ら考えていきます。

若手部下がこの段階まで来たならば、仕事そのものに「やりがい」を感じ取れています。一方で、本人が感覚値では感じているものの、言語化できていないケースも散見されます。部下本人も多忙は状況になり、なかなかゆっくりと物事を思案する時間がなくなってくる頃でもあります。

そんな時期ですから、「やりがい」や「志」も、暗黙知のままとなってしまいやすいのです。「志」を言葉で発信することができないと、周囲を巻き込んでいくことを苦手としがちです。ただでさえ周囲の空気を読み、悪目立ちすることを敬遠する傾向がある世代です。上手く語ることができなければ、自分の中での整理もうまく進まず、ますます自身の思いを発信できません。

こういった状況を打破するために、平素の関わりの中で、本人が持つ「やりがい」を明確な言葉にすることができるよう、問いかけを行い、言語化を支援していくことが重要です。ここをクリアすることができれば、SL理論の最終段階である「S4クラス・委任型」の領域に進んでいくでしょう。あなたの若手部下の「プロ化」が更に進み、自分自身の言葉をもって周囲を巻き込んでいくようになります。

結果としてあなたの下に1つのユニットができ、自ら計画を立て、責任を持ってアクションを起こしていくチームがつくられていきます。ただし、権限は委譲しても、細かな指示活動の量が減っても、責任はあなた自身がしっかり負う必要があります。進捗管理や報連相が漏れないように注意しましょう。

段階に応じたメンタル面への配慮

若手部下を「プロフェッショナル」に育てていくためには、状況に応じた適切な投げかけが重要となります。客観性を失わず、メンタル面に配慮するとなると、難易度が高そうに感じるかもしれません。しかし論理的という意味では4章の段階で既にツールができていますので、それを活用すれば問題ありません。メンタル面への配慮のほうは、いくつかのステップがあることを確認してきていますので、インタラクティブ（双方向な）なコミュニケーションを取る中で、徐々に切り替えていけばOKです。場当たり的になってしまうと、その時々で対応がブレ、部下をスムーズに方向づけることができず、効果が下がってしまうため注意しましょう。

2　徐々にプレイヤーとしてのタイプを見極める

2つのジャンル

若手部下の「プロフェッショナル」としての育成の進展に合わせて、キャリアの方向性を考えて

【図表 27　キャリアの分岐点】

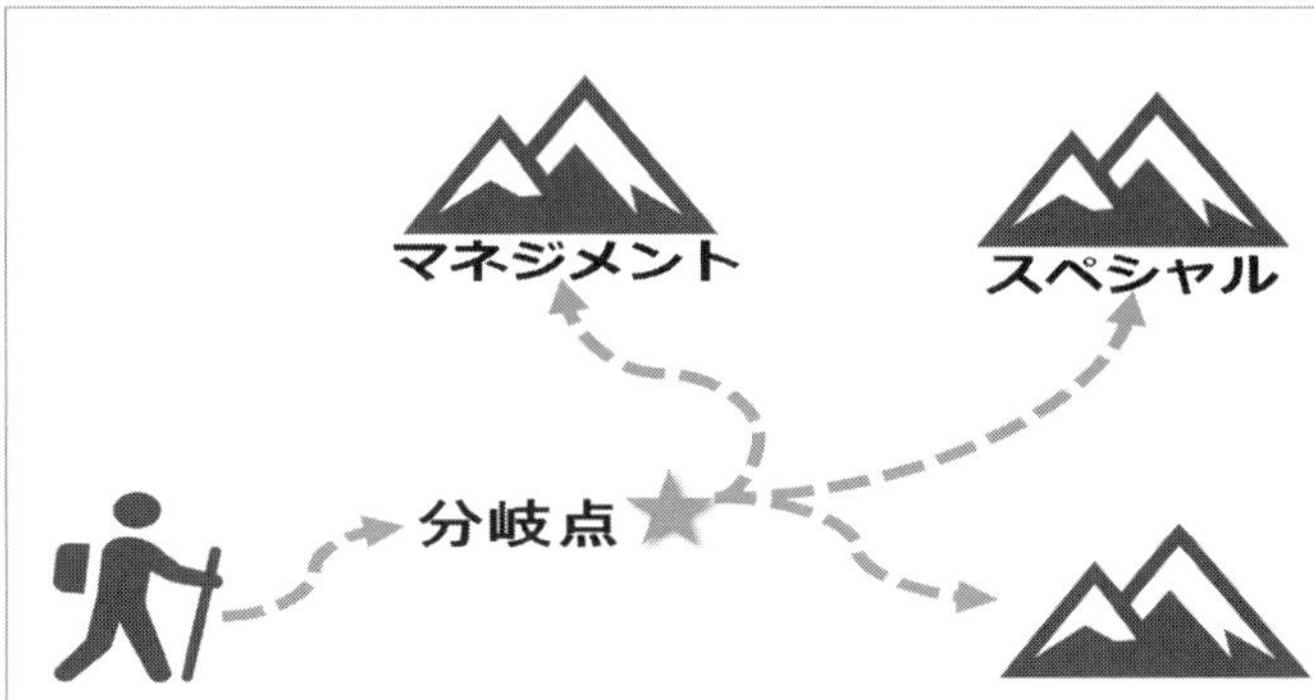

いく必要があります。かつては皆が出世を競い、次のポストという同じルートを目指しているケースが標準的でした。皆が同じコースを歩むのであれば、特に意識をする必要はありません。

一方で、現在は働くスタイルも多様化し、知識技術が高度化していることから専門職種の必要性も高まってきています。そのため、一定の業務習熟度に達しつつあるメンバーについて、将来どのような方向に進んでいくのかを考えていく必要があります。ここでは２つのジャンルを提示していきます（図表27）。

あなたは理解していることでしょうが、キャリアの浅いメンバーは、あまり理解ができていないケースもあります。特にどのくらいのタイミングや年齢で分岐点が訪れるのかは会社によって時期にかなりの差があります。自社の場合はどのくらいのタイミングで道が分かれ、いつ頃までにおおよその希望を固めていく必要があるのかを部下と相互理解できるよう準備をしていきましょう。事業によって、様々な職種や専門領域がありますが、タイプを見極めるという意味では大きく二手に分かれます。ここからそれぞれについて考えていきましょう。

①ユーティリティー型

多岐にわたる能力の習得と総合力を求められる万能型です。キャリアを積み重ね「プロ化」を推進していく中で、スポーツでいうチームを統率する役割である、センターラインや、キャプテンといったポジションを担ってもらうタイプです。

先々ではマネジメント職にシフトしていくため、特にコミュニケーションスキルや、リーダーシップといった対人スキルが必須です。素養があるメンバーは実務を積み重ねながら徐々に習得していくものでもありますが、一定の経験を積み重ねた後は、抜けもれなく総合力を磨くという意味でマネジメント理論を学ぶことが有効です。

あまり早すぎても効果が薄いケースがありますが、実務経験をしっかりと積んだ後に理論を学ぶと、蓄積した様々な経験が論理的に整理され、「周囲にわかりやすく説明する」ことができるようになり、他メンバーを巻き込む力が高まっていきます。

そもそも、どのような能力や項目が存在するかを理解し、自身の強み弱みを把握することで、弱みを克服するためのアクションや、強みを更に伸ばすためのアクションを意識的に実行することもできるようになります。業務の成熟度が上がってくると、目の前のことをこなすだけでは同じ経験の繰り返しとなり、新たな習得の機会が減少し成長が鈍化していきます。バランスよく能力を伸ばしていくためには、不足している部分へのアプローチを「狙って実施していくこと」が重要です。狙いを定めていないと、苦手ジャンルを克服する取組みや経験をできるかどうかを「偶然に頼る」ことになります。メンバーの成長速度を高めるためにも適切な段階で理論学習を行い、客観的な視点で能力の現状分析を行い、若手部下自身が意図して自分磨きの取組みをしていくことがポイントとなります。

注意しておきたいのは、若手部下は職責を担うマネジメント職を敬遠することが多いということです。会社の将来を担う重要なタイプであることは言うまでもありません。しかし、若手部下の立場から見ると、「上司と部下の両方に挟まれ苦労している」シーンや、「管理職になった際に残業がつかなくなることで、むしろ年収ベースで下がってしまう（ように映る）」ケースがあるなど、メンバーから見ると「魅力的なポジションに見えない」というケースが散見されます（年収ベースでいえば残業がつかなくなること等によって、実際に下がることもあるかもしれませんが、さらに上位職に登れば話は違ってきます。初級管理職にあがらなくては、その次はないのですが、なかなかそこまで感じ取ることはできません）。企業によって実態には、だいぶ差があるとは思いますが、「聞こえてくる声」という意味では、多かれ少なかれこういった話が実在します。

ここでポイントになるのは普段の「あなた自身の働き方」です。若手部下にどのように見えているか。ここが最も重要です。ユーティリティー型の部下を育成しようとする場合、あなたの働く姿勢自体が、生き生きして見えないと、部下はリーダーポジションや役職につくことに魅力を感じません。個人戦で自分がやりたいことだけやってるほうがよいと考えてしまうでしょう。

将来のマネジメント職候補者を育成していく意味でも、あなた自身がロールモデルに見える働き方をすることは非常に重要な要素です。あなたに憧れを持って、「自分もそうなりたい」と部下から思われるよう普段から、あなた自身の「立居振舞い」を考え、見せ方を工夫していきましょう。

②スペシャリスト型

こちらは高度、且つ専門的な知識技術を習得することで、企業の仕事に新たな付加価値を生み出すタイプです。企業の商品サービスの源泉となる価値をつくり出す技術職や、管理部門を含めた企業内で人員構成の少ない専門部署で活躍することが多いです。

経験を蓄積していく過程の中で、圧倒的な得意分野を形成し、その強みを活かしていくために専門職につくパターンや、得手不得手のムラが大きく、総合力を追求するのに不向きであるが、突出した能力を持つ分野があるため、こちらの道に進むというケースがあるでしょう。事業そのものが成長局面にあり、規模が拡大している状況では能力的なムラがあっても、マネジメント職についていくことが多くなりますが、あまり無理に推し進めると本人も組織も不幸になるケースが出てきます。事業規模が拡大局面にない場合は、ポストが一定数で安定しているため、複線型人事制度を置いている企業も増え、キャリアを積み重ねた後に、マネジメント職ではなく、専門性の高い業務を担う道が用意されているケースも増えています。

注意が必要なのは、若手部下の将来キャリアを考える際に、本人としっかりとすり合わせをする必要があるということです。まずは「役職につかないこと＝専門職」ではないということをしっかりと説明しなければなりません。若手部下の中には、「役職につきたくないから専門職へ」という人も少なからず存在します。役職につかない人のことを専門職と呼ぶと誤認している人もいます。専門職はマネジメント職になれなかった人の呼称ではありません。

専門職コースを選択した場合、様々な勉強が必要で、深い知識技術を習得することが必要となります。外部講座や、通信教育の受講など、様々なルートで常に学び、自身を磨き、日々研鑽をし続ける必要がある職種です。しっかりと説明し、理解させた上で選択をさせないと、「役職につきマネジメントにあたるのは大変そうなので専門職にします」という発言がでてきます。

これを許してしまうと、言葉はよくないですが、いまいち「やる気」のないベテラン万年平社員の存在を許すことになり、チームの活気が失われていきます。頑張っているメンバーが損をしているように見える、あるいは足を引っ張られて空回りしているように見える職場となってしまう可能性もあります。経験を積み重ねていく中で、「キャリアの方向を決めていく」ということはどちらに進んでも修練が必要となります。若手部下本人が持つ「価値観」や「やりがい」を基に、どの道に進んでいくのかを一緒に考えましょう。結論は後から変わっても構わないので、「なぜそう思うか」を本人がしっかりと思考することがポイントです。

③管理部門はスペシャリスト？

管理部門の場合は企業の規模等によって全く状況が異なります。事業規模が大きくなるほど、1つひとつの処理量が増えていくため、部門も担当も細分化し、専門職よりになっていきます。

一方で、規模の小さい会社では管理部門系はスペシャリストとしての力も求められる一方で、少人数で経理や労務、人事、法務、情報システムなどなど、ありとあらゆる業務をこなしているケースも多く、「簿記資格を持っているので、経理専任」とはいかない状況も出てきます。小人数で全体を見る、あるいは1人ひとりがいくつかの職種をまたがって対応するケースが多くなります。

こうなってくると、どちらかというとユーティリティー型の万能選手タイプといったほうが近くなります。状況によって求められる働き方は大きくことなりますので、適性の見極めをする際は注意が必要です。

また管理部門についていては、技術知識ごとに、年齢構成を鑑みて、あらかじめバランスをとって育成していく必要があります。大企業の場合は専門職、中小企業の場合は「専門的かつ万能型」のマルチスキルを求められるというのが実態です。

本人の希望を踏まえ進む方向をデザインしていく

マネジメント職に進むのか、専門職に進むのか。実際には、組織形成の都合に合わせて発令で決定されることも多いでしょうし、キャリアを積み重ねる過程の中で両方の職種を経験するパターンもあるでしょう。

希望という位置づけで、どちらに進むのかを考えていきますが、必ずしも希望通りに進むとは限りません。それでも自身を磨き上げていくことで、チャンスをつかみ取りやすくなることは事実です。そのため、平素の業務を繰り返しているだけでは成長が鈍化するようなるタイミングを見計らい、今後のキャリアについて投げかけを行い、思考を巡らせることで、自身の成長課題を考え、殻を破ることに繋がります。

「希望が叶うかどうかは別問題として、どちらの方向に自分磨きをしていくかを考え、チャンスが来たときにつかみ取ることができるように努力しよう」という投げかけをしていくことが重要です。本人とのコミュニケーションの中で、向き不向きについての助言をしながら本人にも考えさせ、自身のプロフェッショナルとしての姿を考えさせましょう。

キャリアの分岐点の例を示す

またご自身の体験や職場での事例などから転換期がいつ頃、どんな形でくることが多いのかを示していくことも重要です。「おおよそ〇歳くらいになるとこんな転換点があるよ」という例を具体的に示すことで、本人も「そろそろ準備しておいたほうがよいのかな」と考え始めるきっかけにもなります「必ず〇歳という基準はないでしょうが、いくつか先輩たちの例を示すことで、本人に自分事と感じさせることができればＯＫです。ポストや報酬といった外発的な動機づけに対し、もともと関心が高くない世代ですから、「放っといてもそろそろ来るから、準備しておいたほうが、自分の希望の路線に進みやすくなるよ」と投げかけ、思考をスタートさせるスイッチを押してあげてください。早めに準備を始め、自分磨きの成果が出てくれば、周囲はそれを職務適性と見ていくので自身の希望が叶いやすくなることを伝えていきましょう。

3　ミッションのステップアップ

ミッションのレベルを上げる

若手部下を「プロ化」させていく中で、徐々にミッションのレベルを上げていくことも重要です。初めは決められたことを、決められたとおりにできるようになるところからスタートしていきますが、徐々に難度の高い仕事にも取り組んでいったもらう必要があります。

私が若手育成に関わる中で彼らに感じることは、「状況を噛み砕き細分化すること」と「整理をして解釈すること」が苦手な傾向にあることです。時代が進むにつれ、キャリアを積み上げていく過程の中で、「業務の改善や問題解決をしていく力」の重要性が高まっていますが、細分化や解釈ができないと、自分が対応可能なレベルまで状況を分解できないため、身の回りで発生する問題に対し他責思考で捉えてしまいがちです。

この傾向は年々高まっているように感じられます。そのため、仕事を自責で捉え、改善解決していく力を意図して高めて行く取組みが必要となってきています。

現状分析力と細分化力の不足

業務を推進していく中で、改善や問題解決に取り組もうとすると、最初の段階では現状分析が重要となります。問題解決のアプローチでは、最高に上手くいった際のあるべき姿と、現状を客観的に比較し、そのギャップを埋めていくために施策を練り実行するという流れで取り組むことになりますが、その入り口にあるのが現状分析です。

しっかりと改善や問題解決に取り組むためには、分類整理をしながら、きめ細かく現状分析をすることが重要になります。理想像を描く際には推測からの仮説立案が必要になってきますが、その論点は現状分析と連動します。ベテラン層が創造的な解決を図る場合は別ですが、実践の場の初期段階では、「現状の延長線上にある改善施策」から入る場合がほとんどです。自律的に取り組むことができるようになることが重要であるため、現状の延長線上にあるテーマに対して（斬新な取組みでなくても）、アクションが起こり始めることは、とてもよい動きと言えます。

効果的な実践につなげていくためには、具体的な現状分析が欠かせません。大まかなジャンルを掲げ、問題点を特定するだけでは上手く改善することはできません。大きなジャンルである大分類を更に細分化し、具体的な改善策を立案できるレベルまで切り刻み、１つひとつ解決していくことが、状況を好転させるためには重要になります。

よくある例をあげると、「どんな問題を抱えていますか?」という投げかけに対し、「人です」といった回答です。「人物金情報」といった経営資源の中で、「人」と限定をしてはいますが、この表現では改善策の立案に繋げることはできません。次に、「人の何が問題ですか?」と問いかけると、「いくつかありますが、いま最も厳しいのは人手が不足していることです」といった感じで限定されていきます。他にも「教育が上手くいってない」とか、「コミュニケーションが上手くできていない」といった内容もよく上がってきます。こういった項目をひとくくりにして「人に問題を抱えている」といった表現で解釈をしているケースが多くあります。

しかしこの階層で解釈してしまっている場合は、次のステップで解決策を導こうとしても具体的な対策は出てきません。「頑張って取り組んでいこう」といったかけ声レベルや、根性論で終わってしまうことが増えていきます。問題として捉える際の抽象度が高すぎるのです。

実際に対策を打つためには、「人が足りない」ならば、「いつ」、「どんな場面で」、「どのような業務で」という風に、人が不足している状況を具体的に明らかにしていく必要があります。それによって対応方法が根本的に変わってくるからです。このままにしておくと、「もっと人がいれば解決します」という次元で終わってしまいます。

実際にはこのレベルで対応できるのは「中途を中心にあと○人増やそう」といった決裁ができる経営層くらいでしょう。現場では、「採用や人員配置については自分の権限ではできないから仕方ないか」という解釈になり「他責」になってしまいます。自分には対応できないジャンルであると考え、アクションを起こすことができません。具体策を練るためにはもっと細かく、具体的な項目に落とし込んでいかなければなりません。「○曜日の○時から2時間の間、○○業務を担当している人が不足している」というところまで噛み砕けば、対処方法を考えやすくなってきます。「もちろん慢性的に不足している」という職場ではこういったピンポイントでの時間帯等の条件ではなく、業務の担当別であったり、取引先別であったりと状況は様々でしょう。

しかし、「困った困った」と言っていても話は始まりません。実際に改善をしようとするならば、きめ細かく分析をして実態を把握し、何をどうするのかを考えていかなければなりません。ひと昔前なら「人を入れてください」という解決策でしたが、今は募集しても人を確保しにくい状況になっているからなおさらです。

例えば、人手不足に対する具体策を考えていくためには、業務の見直しを行うことが、「急がば回れ」で結果的に近道になります。具体的にやり方を変えていくためには、状況をきめ細かく自分でも対応できる階層まで分解していく必要があります。対応可能レベルまで分解できれば改善の方法論については様々なものが出てきます。他責思考から脱却し、自力で対応できるレベルまで噛み砕くことで初めて改善が進み始めるのです。

実際にこういった取組みをしようとしたときに、ぶつかる壁が「現状分析」の中でも「細分化する力」の不足です。原因はいくつかあるでしょう。

・実務経験が不足していることで、まだ業務内容を細かくグリップできていない

↓結果的に業務がどのような項目の集積となっているかを考えることができない。
・問題解決や業務改善の成功体験がないことから、どのレベルまで掘り下げるべきかわからない
↓まずは現状把握するよう指示しても、思考が浅止まりし深まらない。
・発生している状況を他責で捉え、自分事として考えることができない
↓「こうなってしまっているのは○○のせいだ」と感じているため、思考が深まらない。

他にも様々あるでしょうが、いくつか典型的な例を挙げました。実務力という意味では色々こなせるようになってきたメンバーを「ひと皮むけさせる」ためには、要素を細かく分解する力をつけるという壁を乗り越えてもらわなければなりません。

何としてもこの壁を乗り越えてもらわなければならないのですが、習得してもらうためには、特に初めの何回かは一緒に取組みを実施し、「ここまでやるんだ」というレベル感を理解させることが重要です。「まずは自分でやってみろ」という入り方で、出てきたものを見て、「うーん、これでは何ともならないな」と止めてしまうのが最も危険な悪手です。

手順はこれでもいいですが、細分化が足りないものが出てきた際は、ジャンルを絞って具体的に入り込み、1つひとつ噛み砕き、「ここまでやるんだ」というレベル感をやって見せていく必要があります。

「浅止まり」したまま進めると、効能を生まなかったという失敗体験をより強く刷り込んでしまい、次のレベルにステップアップする気持ちを削いでしまいますので注意しましょう。

【図表28　親和図法　悪い例→よい例】

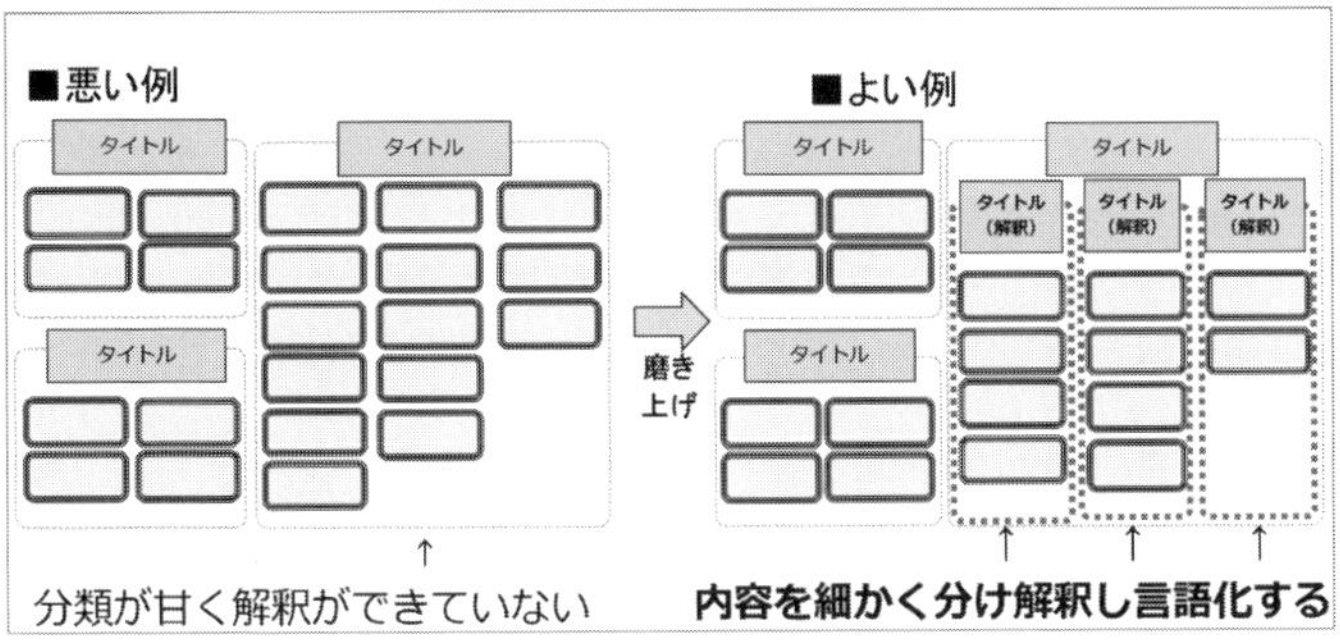

解釈する力の不足（図表28）

　同じ現状分析の段階でもう1つ不足している力が解釈する力です。色々と細分化できたとしても解釈する力がないと、「一生懸命頑張って、細かく分解したけれど、どうしたらよいかわからない」という話になってしまいます。この失敗経験をすると、細かく見たところで結局意味がないというイメージが強く残ってしまい、今後様々な事象へのアプローチを「浅止まり」させてしまう原因になってしまうので要注意です。

　解釈段階でこういったエラーが起こる原因は、分類整理へのアプローチ不足です。先の話の中で「人に対して問題が発生している」という表現になるケースについて説明しました。きめ細かく事象を落とし込んだとしても、「つまりこういうことだ」とつかみとることができないと、結局何が起こっているのかがわからないままになってしまいます。

　思考ステップとして2段階になります。1段階目は、炙り出した事象に対する分類整理です。「人に関する問題」という大分類グループの下に属している事象が混在したままになってしまうと自分たちで「つまりこういうことだ」と解釈ができません。私は手法として好んで親和図法を使いますが、これを実施すると、できている人とそうでない人ではっきり分かれます。

このステップを上手くすすめるためには、大分類の下に中分類として要素を分解してグルーピングを実施し、必要に応じてさらに小分類に要素分解をしていきます。ロジックツリーでいう2階層目、3階層目で活用する軸で分けていくのです。

例えば、「売上」であれば、「客数」×「客単価」であり、客数であれば、「既存顧客」と「新規顧客」に分類します。既存顧客に対する現象面として、具体的には○○と○○が発生していると分類していくと、話が自分の掌にのってきます。点の事象の集合体のままでは意味がつかめないのです。

分類し解釈する力が足りないと、「人というジャンルの中に色々混ざってませんか?」と投げかけをした際に「はい。たくさんあがりましたが、ほんとに色々ありまして」という回答で止まってしまいます。次の段階で「その中でも似た者同士に分けることができませんか? 例えば」と少しやって見せると、「なるほど、そういうことですか。では、やってみます」と更に分類整理を進めることができます。

この段階でどこまで自力でできるかが問われますが、中項目でのジャンル分けで留まってしまう傾向があります。例えば「『採用に関することと、教育に関すること、それとそもそも人が足りないこと』に分かれました」といった感じで思考がストップしてしまうパターンです。分けたことによっていくつかに区分し、「人」について3つのジャンルがあることまでは解釈できた状況ですが、これではこの後の取組みに繋げることはできません。

中分類まで分けることができたら、それぞれの項目の中に、更にどんなジャンルがあるのか、小分類・細分類をきめ細かく分けていき、対応可能なレベルまで解釈を掘り下げることで具体的なアクションに繋がっていきます。

解釈ができる人は、分け方を説明すると、「自分たちで切り分けを進め、「人」という項目の中に、○○と○○があり、更に区分すると…」と進め、アプローチする優先順位として、「A」と「B」というように進んでいくことができます。

若手部下を育成していくテーマで「教育」の例を挙げてみます。

①初期教育期間が不足している

↓ビジネスマナーを習得できていない（特に名刺交換・Ｅメールの基本ルール・文書作成）。

↓その結果、現場でももう一度教えているため現場の教育負担が重い。

②配属後のＯＪＴ計画が作成されていない

↓受入れ側の事前準備が不足しており、場当たり的な対応になっており相互に効率が悪い。

↓教育担当の先輩社員が教育計画を立てようと思ってもやり方がわからない。

③関係者の連携の不備

↓人事部と、現場が情報共有できておらず、何を教わってから配属されているのかわからない。

↓「どうせ一から教えないといけないのだから」と人事に初期教育の改善要望を挙げていない。

実際に細分化した内容をまとめて、自分たちが解釈した言葉に表現を直していくと、具体的に対応可能な状態まで落とし込むことができてきます。

例で言えば、「教育といってもいろいろあるけれど、まずは初期教育についての論点が存在している。さらに整理をしていくと初期教育の中では、○○といった問題が発生していることがわかる」といった感じです。

事象を細分化し、解釈をすることを繰り返していくことで、自責で対応可能な項目をあぶり出していくことができます。逆に言えば自責で対応できないな…というレベルの問題に感じてしまう場合は更に細分化と解釈を繰り返し、対応可能なものを炙り出し、徐々に改善していくことが重要になります。

大切なのは細分化をするとともに、「ここまでやれば改善できる」、あるいは「ここまでやれば効果が出る」といった成功体験を積むステップまで、初めてやるときに一緒に取り組むことです。「あ、なるほど」と感じることができれば、「上手くいかなかったら相談においで」という投げかけが有効になります。「細分化がうまくできないのか、分類が甘いのか、解釈がうまくできないのか、どこで詰まっているの？」といった問いかけも可能になります。

若手部下自身も「なんだかよくわかりません」では相談にいこうにもいけません。「細分化してみましたがどうでしょうか？」とか「解釈が上手くできなくて困ってます」とステップが見えていれば、質問をすることもできます。

「細分化」、「分類」、「解釈」のそれぞれが上手く進められるようになるための共通点は自分なりに深く掘り下げていくことですが、ここを不得手としているケースが非常に多くなっていますので、「ここまでやるんだ」と一緒に経験を深めて、「プロ化」にむけて掘り下げたアプローチができるように育てていきましょう。

問題解決と業務改善～難易度の異なる２つの活動

さて、若手部下の「プロ化」に向け、ミッションレベルをステップアップさせていく過程の中で、導いていく側は業務改善と問題解決の違いについて区別をしておく必要があります。

この2種類の取組みは似ていると言えば似ているし、異なると言えば異なります。若手を混乱させないためにも、しっかりと考え方とアプローチの違いを区別しておきましょう。

問題解決

変化の激しい今の時代、問題解決力が重要だという認識が高まっていることは何度かお伝えしていますが、この問題解決へのアプローチには大きく3つの種類があると言われることが多いです。

①現状の基準を下回ってしまうケース

現状、定めている基準を下回ってしまうタイプの問題へのアプローチを指しています。まずは起こってしまっている状況に対する「対処」、次いで再発防止策へ進みます。規定の品質を下回った商品サービスを提供してしまい、クレームを受けるケースが代表例でしょう。

お客様からのお叱りを受けることに留まらず、大規模な事故が発生してしまうケースも出てきます。初動で言えば、正確な現状把握や、お詫び、必要に応じた補償の検討（規模により初動ではないかもしれません）などが上がるでしょう。

目の前の対処を実施するとともに、「再発防止策を立て2度と同じことが起こらないように、仕組みづくりを進める」といった対応が考えられます。

②新たな基準を設定しなければならないケース

時間の経過に伴い、自社事業を取り巻く環境は刻一刻と変化していきます。新たな競合企業の参入、あるいは技術開発等による自社が提供する商品サービスの陳腐化、また新たな商品の出現により商品サービスそのものがその役割を終えてしまうケースなど、「マイナスとなる要素」が発生するリスクが常に付きまとっています。平素から、そういった状況を打破するため、新たなチャンスを捉え、事業を活性化しようとする取組みを実施していることでしょう。

市場の変化や社会情勢の変化に対応していくために、現在の考え方、進め方、もっと言えばそもそもの目的・目標そのものを見直していく必要に迫られるケースもあります。

こういった目の前に顕在化されていないことを深く掘り下げ、今後も生き残っていくためには「本来どうあるべきか」を新たな基準として捉え、そこに向けたギャップの解消にアプローチをしていく取組みです。着眼する事柄によって、アクションのレベルも様々ですが、現状を起点に物事を深く掘り下げ、表層上発生している問題の原因を究明し、真因を突き止め、根本から対処していくタイプです。取組がめざすゴールはあるべき姿への到達です。

③まったく新たな視点から捉えるケース

現状から思考を切り離して、新たな視点から物事を捉え、創造的に解決していくタイプです。こちらは若手部下を育成していく論点からいくと、少し飛躍しすぎているところがあるため、「もう少し力をつけてから」といったところでしょうか。将来的に取り組みたいこととして目標としてもっておく程度でよいでしょう。

業務改善

問題解決が、大きく言うと、「掘り下げて細かく分解した現状」と、「あるべき姿（基準）」とのギャップを埋めていく活動であるとしたら、業務改善は現状をよりよくしていく活動であると捉えるとわかりやすいのではないでしょうか。

つまり、今の状況よりもっとよくするためにはどうすればよいかと考えていく活動です。何が違うかというと、あるべき姿（基準）を描かず、よりよくしていくことに論点を絞っていると考えてください。

問題解決であれば、具体策を実施した際、効率、生産性などが改善されたとしても、あるべき姿に上手く向かうことができなければ、問題の捉え方に問題があり、本当に解決したかった問題はク

【図表29　改善に向けたムリ・ムダ・ムラへのアプローチ例】

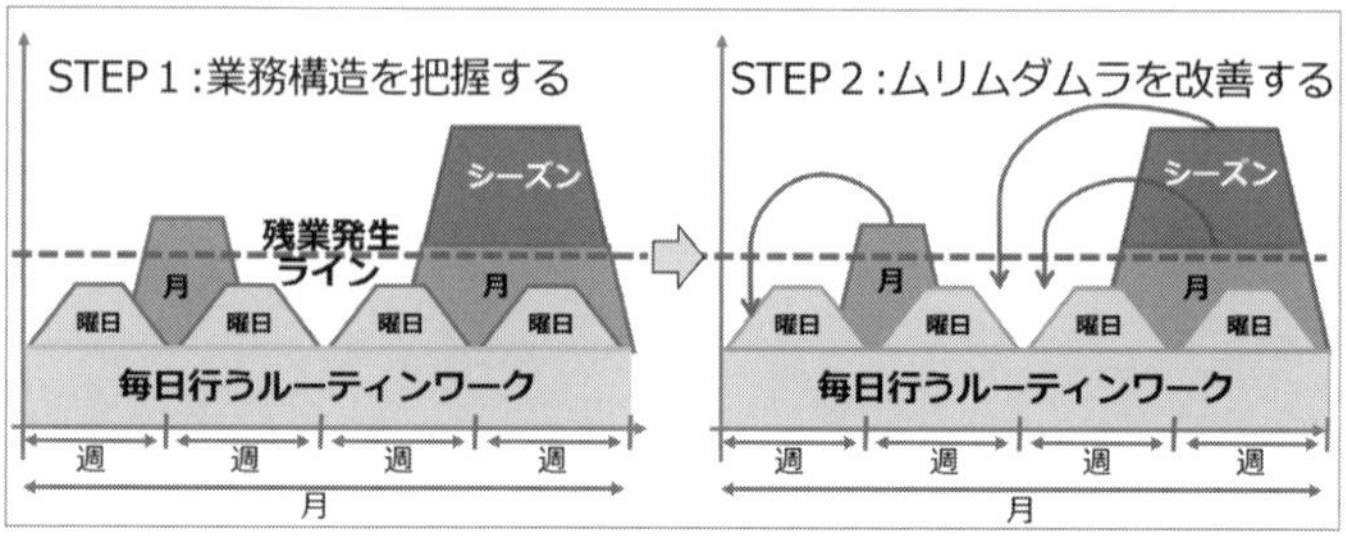

リアされていないと解釈します。一方で効果あればOKなのが改善です。そのため、初期段階では比較的とっつきやすいアプローチとも言えます。

今よりも、もっと早く、もっと正確に、もっと楽に、もっと簡単に業務ができるようにするためにはどうしたらよいかといった視点で、その具体策を考えていきます。

例えばムリ・ムダ・ムラに対するアプローチです（図表29）。理想像ではなく、現状を分析し、できることから進め、仕事を楽に効率的にしていこうというものです。問題解決型でアプローチをしていくためには「あるべき姿」の設定が重要で、ここがうまくいかないと、現状とのギャップも上手く分析することができません。そのため業務改善のほうが入口としては入りやすいのです。

若手部下が、こういった取組みをしようとアプローチをしているときは、業務の進捗管理をする打合せを通じて、いくつかのタイプがあることを説明し、必要以上に難易度の高いことを考えてはいないかを確認し、状況に応じて適切なレベルのアクションができるよう促し、まずは成功体験へ導いてあげてください。

4　まっすぐ伸ばすためのアプローチ

コミュニケーションを通じた進捗管理が重要

さて、若手部下を「プロ化」させていくために、ここまでいくつか考えてきましたが、これらの取組みを成功させるためには、平素のコミュニケーションを通じた進捗管理が重要となります。

新たなことを覚えつつも、できるようになったことは自力で積極的にアプローチしていこうとしている若手メンバーが、まっすぐに進んでいるかを確認し、ズレを補正していくことが狙いです。指示的行動だけではなく、援助的行動がでてきた段階で、計画を立て、それに沿って業務を進め、進捗を管理していくようになっていきます。さらに次のステップでは、本人に計画素案を立ててもらい、あなたとフィックスしながら進めていきます。少しずつ歩みを進めていく中で、様々な壁を迎え、成功体験や失敗体験を繰り返していきます。

経済が右肩上がりの状況であった頃は、ガムシャラに頑張っていれば、ある程度の成功体験ができるため、やりがいを感じやすく、モチベーションも高く維持しやすい状況でした。

一方、現在は経験を蓄積したベテランであっても、市場の変化への対応や、顧客へのきめ細かな対応に苦心しています。そのため、キャリアを積み上げている段階では、かつてより仕事の難易度が高くなっているというのが実情です。

フィードバックの重要性

成功体験を積みにくくなっている中、若手部下をまっすぐ伸ばしていくためには、どのようなフィードバックをするかが重要です。

フィードバックとは、端的に言えば、「振り返りを基にしたアドバイス」です。定期的な進捗管理の打合せの中で、部下から報告を受け、それに対してアドバイスをしていくというパターンもあれば、日常業務の会話の中で一声かける、あるいは助言をするというケースもあるでしょう。まっすぐに伸ばしていくためには、ここでいかに「意図した言葉を投げかけることができるか」にかかっています。

やってはいけない声かけ

若手部下を育成しようと考えているときにやってはいけないのが、遅くまで頑張っているシーンを見て「頑張ってるな！」という声かけです。相手の頑張りを承認するための褒め言葉として使うケースが多いですが、この一言によって、下手をすると他のきめ細かな取組みを台無しにしてしまう恐れがあるのです。

一体何がいけないのか…。

努力している姿に対する労いにすぎず、特に「○○の部分について」と意図して投げかけていないことが論点です。単なる励ましとなっています。

何かを意図してしているならば「○○について頑張っているな」となるはずです。一方、こちらからは何の気なしに励ましとして発していても、相手はメッセージとして解釈をします。肯定的な表現で喜びを感じるものであればなおさらです。

今「頑張っているなと褒められた。多分○○をしてる最中だったから、○○についていってるんだろうな」という感じです。あなた自身が上司から「頑張っているな」と声をかけられたらどうでしょう。いつでも、だれかれ構わずこういった声かけをしている上司ならともかく、そうでなければ、そのときに自分が頑張っていることに対して、気がついてくれて認めてくれたのだと感じるのではないでしょうか。褒めている側が意図していない点について、言われた側は都合のよいように解釈します。結果、たまたま向かって欲しい方向に進む場合もありますが、頑張りの軌道が斜めに逸れていた場合、間違った方向にどんどん進んでいってしまいます。

このケースでは、「遅くまで残って仕事をしていたことを褒められた」と若手が解釈した場合、この後も遅くまで残って頑張りだします。当然そんなことを望んでいるわけではありません。何も言われてなければ、打合せの席などで進め方を確認するケースでも、先の一言のせいで勘違いしているると、意思疎通が脆弱になってしまいます。

どちらにしても、次の進捗管理のタイミングで、「えっ？　この前は頑張っているなっていってくれていたのに」というコミュニケーションギャップを生んでしまいます。言葉足らずな褒め言葉で、誤った方向に進むのであれば、しっかりとすり合わせができるタイミングで、よい点・修正点の両方をしっかりと伝え、正しい方向へしっかりと向けていくことが重要です。

有効なフィードバック

大きな意味で狙った方向にまっすぐ進んでいるかを確認し、進んでいれば承認し、後押しを行い、方向がずれていれば、よい点は褒めつつ、軌道修正を促すのがポイントです。

繰り返しになりますが、フィードバックとは「振り返りを基にしたアドバイス」です。

計画に基づいて実行した業務の進捗管理と合わせて、「振り返り」を行い、よい点は承認し、改善点は軌道修正を促すことでＰＤＣＡサイクルを回し、取組みの質を高めていきます。誤解されることがないよう、一定の基準を持ち具体的な表現を使って相手にわかりやすく伝達することを意識しましょう。

ポイントは「取り組む意欲などの情意」と「具体的な取組み内容」を明確に区分することです。「頑張っている姿勢」と「具体策の内容」のよし悪しは切り離して論じます。

目的に沿って意図的につくり込んだ言葉で「ここがよかったから、自信を持っていこう」とか、「ここは改善を促す点だからもっとこうしよう」とコミュニケーションをとっていきましょう。

毅然とした態度と表現

もう1つ注意をする必要があるのが、進捗管理を行うコミュニケーションの際は、毅然とした態度ではっきりと伝えることです。近年、○○ハラスメントという言葉が使われることが増えてきたこともあり、部下にモノを言いにくいという風潮があります。「厳しくモノをいうと問題になるのではないか」ということを気にし、強く言えないという声も散見されます。

しかし、フィードバックをするという意味では強く言ったり、語気を荒げる必要はありません。ひと昔前によく聞いた「部下になめられたらおしまいだ」というような発想は不要です。背中で見せるスタイルの時代は、怖い上司や先輩像もありましたが、若手部下を育成していくためには、目的をぶらさないようしっかりと伝え、丁寧に接していけばＯＫです。語気を荒げたりすると、そちらに目が行ってしまい、内容がぼやけてしまうのでかえってマイナスです。

また気を使いすぎて、オブラートに包んだような言葉を使ったり、過度に下手にでて笑いかけたりするのも、結果的に相手に真意が伝わらず、マイナス効果となります。よい点は「○○な理由で、ここがよかった」、修正点も「○○な理由で、もっとこうすべき」とはっきりと根拠を示し、論理的に伝えることが重要です。部下に正しく伝え、進む方向をまっすぐに向けていくことを狙っていきましょう。

報連相の仕組みを整え、相互に明確なルールでコミュニケーションを！

報告・連絡・相談のルールを整えておくこともコミュニケーションギャップの発生を防止する有効な施策の１つです。まっすぐ育てていくためには意思疎通のルートを明確にしておくことは必須です。

新入社員研修でも報連相はビジネスの基本の1つとして教わることは一般的ですが、実際の職場ではこれが仕組み化していないケースも散見されます。そもそも報告・連絡・相談が区別して使われていないケースも多々あります。端的に言えば、「計画に対する業務の進捗状況の報告」「計画に対し想定していた状況に変化（イレギュラー）があった場合の連絡」「困ったことや、迷ったことがあった際の相談」です。

運用の仕組みとしては、報告する場は定期的に設けられているのがよいですし、連絡は随時何かあったときということになり、相談も随時です。その結果、進捗報告は行われますが、連絡、相談については若手部下自らが機会をつくらなければならない構図になります。

報告の場は様々な情報交換が行われ短時間である場合が多く、その他の情報交換まで至らない場合も多くなり、連絡相談の機会を上手くつくる力を部下が持っていなければ滞りやすくなります。上司が忙しそうにしていたり、機嫌を表に出したりする傾向が強い場合は、さらに難易度が上がります。

こういった状況を防ぐためにも、連絡・相談のルールを決めておくことが重要です。連絡は状況の変化について扱うものなので、比較的緊急度が高いものが多くなります。例えば2段階に分け、今すぐ連絡が必要なものは、直接又は電話で「緊急連絡です」と枕言葉をつけてから話を始めるといったルールを設定します。

部下側からすると、緊急度が高いから勇気を持って話しかけたのに後回しにされてしまうと、次から声をかけにくくなります。バッドニュースの場合は特にそうです。

緊急度が高いからこその直接連絡なので、ルールをつくり、それに沿って緊急連絡が来た場合は気持ちを切り替えて、しっかりと傾聴することが重要です。

そして悪いニュースであるほど、「よくこのタイミングで連絡をしてくれたね」と労いの言葉を忘れずにかけましょう。その後の対応は別途検討する必要がありますが、まずは悪い情報ほど早いタイミングで連絡が入ってくる文化をつくっていくことが重要です。あなたが、若手部下から連絡が来る都度、しっかりと労うことでチーム全体にも連絡する体制が根づいていきます。

また緊急性を要しない連絡や相談はメールタイトルに「連絡：○○」「相談要望：○○」といった表記ルールをつくり、スケジュール調整をする決まりにしておけば、若手部下はドギマギせずに必要なタイミングで言い出すことができます。普通に考えれば、特にそんなルールを決めなくても必要に応じてコミュニケーションを相互にとればよいだけなのですが、その力がつくまでの間、こういった仕組みづくりで支援し、適切なタイミングで意思疎通を行う力を養っていくことが重要です。

職場に定着する前に、気持ちが萎える経験をすると、次のタイミングからより臆病になり、コミュニケーションを取ることに対しネガティブになっていきます。そうならないように、しっかりと仕組みをつくっていきましょう。結果的にはそのほうがあなたも楽になるはずです。

話は1つひとつ具体的に根拠を示す―NGワード

さて、次は言葉遣いです。若手部下に対する指示的行動をする際、または計画に基づいて援助的行動を行う際のどちらに対しても、内容に根拠をもって具体的に示すことです。よく5W1Hと項目を示すことがありますが、まさにこれです。ここではさらにNGワードについて留意点としてあげておきます。使ってはいけないNGワードというより、単独での使用をNGとするワードと捉えていただければ結構です。

例えば熱意や気持ちを示す言葉などです。「一生懸命がんばれ」「徹底してやれ」「とにかく自分で考えろ」などです。こういった言葉が入ってはいけないとは言いませんが、少なくとも他に具体的な内容が示されていなければ、相手にとっては只のプレッシャーにすぎません。

「何のために・何を・どのように・どこで・誰と一緒に・誰に対して・いつから・いつまでに・いくらで（売上・利益）・どのくらいの量」といった項目をはっきりさせた上で、「一生懸命がんばれ」であればOKです。極端に言えば「一生懸命頑張っていれば、いつか光明が見える。とにかく頑張れ！」といったものがアウトです。心情的な言葉のみでの投げかけでは、具体的なアクションにつながりませんので注意が必要です。

目的の達成を検証できる言葉使い

また立案した計画に沿って、実行した（頑張った）結果がどうであったのかを検証できるように具体的な目標値を設定しておくことも重要です。業績指標が出やすい業務の場合は業績を基に設定することになるでしょうが、その前にある「目的を達することができたか」どうか、あるいは「目的に近づくことができたかどうか」を示す指標が「業績」であることをしっかりと理解させる必要があります。業績ありきになってしまうと、業績を上げることそのものが目的になってしまい、「そもそもお客様にどう喜んでもらうとしているか」という意識が薄れやすくなってしまいます。目的をしっかりと捉えた上で、その達成度合いを「業績」で見ることへ意識を向けましょう。

一方で管理部門などの間接部門の場合は業績指標に直接的に関わらないケースが多く、検証できる指標づくりの難易度が高くなるケースが多くなります。その際は、どのような状態を目指しているのかを言葉にし、それが達成された状態をできるだけ数値を踏まえてあらわしていきましょう。

例えばお客様対応をしている職場で、「半年間クレームゼロ」という目標値を掲げたとします。この場合、気をつけなくてはならないのは、「クレームゼロ」であればやり方はどうでもよいのかということです。当然そうではないでしょう。例えば、「自社の応対手順を遵守し、ファンを増やす活動を推進することで、クレームゼロを目指す」ではどうでしょう。売上や利益などの業績で表すことができる指標を持ちにくい部門では、「目指している状況」と合わせて、「どのような方法で目標を達成するのか」の両方を明文化することで基準が明確になります。

こういった具体的に検証可能な目標設定をすることで、ＰＤＣＡを回すことができるようになり、成長速度を高めていくことにつながります。ここがぼやけてしまうと、結果としてよかったのか、悪かったのかが不明確になり、よいフィードバックもできなくなってしまいます。しっかりとアプローチしていきましょう。

少々しつこくなっても妥協はしない

若手部下の「プロ化」を進めていくにあたり、先に述べたように毅然とした態度で、コミュニケーションを取り続けることが大切です。そうは言ってもあなたも人間ですから、「あまり言いすぎないほうがいいかな」と手を緩めてしまうこともあるかもしれません。

そんなとき相手はどんな風に感じるでしょうか。こちらがあまり言いすぎないように配慮したつもりでも、方向がズレたことを指摘しないことで、さらに斜めに進んでしまいます。これを繰り返すうちにどんどん方向がズレ、ちょっとやそっとでは補正できなくなっていきます。また、あなた自身も多忙な状況になるほど、ついつい話しかける回数が減ってしまうケースもあるでしょうが、早すぎる手離れをすると、実際には徐々に方向性がズレていきやすくなります。

支援的行動のウェイトが高くなっているとしても、指示的行動を併用しているうちは、プロ化したとは言い切れません。あなたの目から「『プロ化』できた」と判断できるまでは、「しつこくなりすぎているかな」と思っても、1つひとつ丁寧に確認し、意図的に関わっていきましょう。何かのきっかけで斜めに進み始めたことに気づかずに、手遅れになってしまったら取返しがつきません。指示的、援助的を上手くバランスを取りつつ、しっかりとしたアプローチを続けていきましょう。

第6章　自身の育成スキルを高める

1　ツール（フレームワーク）を使いこなす

若手部下の育成スキルを磨くには

さて、ご自身がリーダープレイヤーとして活躍できることと、その蓄積したノウハウとして育成に活用できることは、なかなかイコールにはなりません。あなたが自ら実践するのであれば、質の高いアクションができても、メンバーが同じようにこなせるよう「わかりやすく説明する」のは思った以上に難しいことです。

若手部下の「プロ化」を図ろうとすると、あなた自身のスキルを形式知としてアウトプットするスキルをこれまで以上に求められます。

わかりやすく説明するためのスキルの1つにフレームワークがあります。世の中にはジャンルに応じて様々なタイプのフレームワークがあり、上手く活用すれば、あなた自身の経験や考えを整理し、論理的に表現しやすくなります。

もちろん、スキルアップという主旨でいえば他の方法もたくさんありますが、先人たちの知恵に学ぶという意味では、オリジナルで新たな方法を開発する前に、活用できるものは素直にどんどん活用したほうが近道と言えます。感覚的には、ドイツのビスマルクが言った「愚者は経験に学び、賢者は歴史に学ぶ」という考え方に近いでしょう。ビジネス世界の中で研究されてきた歴史をうまく活用していこうということです。

フレームワークは使えない？　やってみたけど上手くいかない！

一方でやってみたけど上手くいかない、効果がでないという声も多々あります。なぜうまくいかないのでしょうか。研修の場面等で、実際に一緒に取組みを進めていくと、「なるほどこうやって使うのか」とか「初めてちゃんと活用できた気がする」といった感想が多く出てきます。

マーケティングミックス（ターゲット×４Ｐ・４Ｃ）やＳＷＯＴ分析といった、一般的によく知られているフレームワークでもこうした声がよく聞かれるのです。何故こんなことが起こるのでしょうか…。うまく使いこなすにはフレームワークがどのような成り立ちで成立し、どのようにすれば活用できるのかに迫っていく必要があります。

フレームワークを使いこなすにはその成り立ちを知る

○○理論といった数あるフレームワークを、現象面での成功事例を集約・分析した結果、どうやらこういったことが言えそうだと整理し、それをたくさんのケースに当てはめて検証をする、あるいは実験をすることなどによって、ブラッシュアップを繰り返し、徐々に洗練されて理論として世の中に出てくると捉えてください。「なるほど。どうやら○○と言えそうだ」の繰り返しです（もちろんすべてがパターンではありません）。

我々が学問として学ぶケースや、書籍等で目にするものは、既に相当なレベルでクリーニングされ磨き上げられたものになっています。たくさんの事例や実験等を通じて一般化されていますので、個別具体的なものはノイズとして弾かれているケースが多くなっています。「多くのケースで○○と言えそうだ」という公約数に絞り込まれているイメージです。

あなた自身の現場に近い事例があったとしても、枝葉の話になってしまう場合は削除されます。もっと言えば、「全体としてはこうだから」ということで、大きな方向に合わせて軌道修正されているケースもあるでしょう。

その結果、「解説通りにフレームワークを活用しても上手くいかない」というケースが常に発生します。むしろ個々の状況に合わせてどう使うかを考えないと、上手くいかないものと言ってもいいかもしれません。

フレームワークはアレンジして使いこなす

実際にうまく活用するコツは一般論としてのポイントを押さえつつ、自分たちの仕事や職場の状況に合わせて使うことです。やりたいことが何なのかによって、数あるフレームの中から「これだ」というものを選択して活用していきますが、その際フレームをどのように活用するかを考え、その解釈に応じて、より高い効能を出すためにオリジナルでアレンジを加えて、活用することが効果的です。

【図表30　ＳＷＯＴ分析】

	内部環境	外部環境
プラス要因	自社の強み **S**TRENGTH 自社の経営資源の良い所 人が●●／●●な知識技術 活かす	市場にある機会 **O**PPORTUNITY 今後のマーケットを想定したときに チャンスがあるポイント 勝ち取る
マイナス要因	自社の弱み **W**EAKNES 自社経営資源の弱点 ●●がない／●●に負けている 克服する	市場における脅威 **T**HREAT 異業種から●●社が参入 とって変わるサービスの台頭 避ける

例・ＳＷＯＴ分析（図表30）

例として、ＳＷＯＴ分析で考えてみましょう。私自身使い始めたときは、このフレームを上手く活用することができませんでしたし、できているケースに出会うことは非常にまれです。

多くの場合は、強み（Ｓｔｒｅｎｇｔｈ）、弱み（Ｗｅａｋｎｅｓｓ）、機会（Ｏｐｐｏｔｕｎｉｔｙ）、脅威（Ｔｈｒｅａｔ）の４つの象限に当てはまる事象をピックアップし、入りきらないほどの事柄で埋め尽くし、その埋まった結果をもって「分析をしました」といって終わってしまっています。この活用ではただの現状の洗い出しです。

目的が現状把握であれば、それでもよいですが、ＳＷＯＴ分析をした後、戦略を策定し意思決定をすることが狙いですので、ここで止めてしまっては、目的は果たせません。「やったけど効果がない」という声はこういった目的には合わない使い方から発生しているとも言えます。

もう一歩踏み込んでフレームを活用するために、クロスSWOT分析があります。強み（S）×機会（O）で要素を掛け算して、「○○という自社の強みを活かして、○○というチャンスのある市場を攻める」といった組合せを作成し、戦略を策定していく考え方です。ここまでいくとだいぶ踏み込むことができていますので効果的な活用につながるケースが増えてきます。そもそもクロスSWOT分析というフレームワークがSWOT分析を活用するためのものなので、これを使えば成功確率は上がります。

一方でよくあるのが、クロスSWOTのフォーマットに踊らされ、組合せ可能な文章をたくさんつくって終わってしまうケースです。「成功確率を上げる（上手く活用する）」という意味ではもうひと工夫が必要です。

戦略策定を行うための現状分析フレームであるSWOTは、そもそも論点が多岐に渡りやすいという欠点があります。そのため、現状分析時も、クロスSWOT時も論点が散漫になりやすく、使いこなす難易度が高くなり、結果として話がぼやけてしまうケースが多いのです。

そのため効率よく使いこなすには、どの論点について取り扱っていくか、要素分解を行い、論点を限定していく方法が有効です。「○○について掘り下げる」と定めてからSWOT分析をスタートする方法です。ここで掘り下げるべき論点について、他の分析項目を提示しているフレームワークを用いて、掛け算をしていくことが有効になります。

例・7S分析×SWOT分析（図表31・図表32）

例えば、組織人事の内部状況についてを論点として、掘り下げたいとします。その際は組織人事に関する項目を網羅的にあげた「7S分析」（図表31）と「SWOT分析」を組み合わせて活用すること（図表32）で、どの項目について強み弱みがあるのかをわかりやすく分析することができます。

7Sとは「①戦略・Strategy」、「②組織構造・Structure」、「③社内の仕組み・System」、「④人材・Staff」、「⑤能力・Skill」、「⑥経営スタイル・Style」「⑦価値観・Shared Value」の7つを指しており、それぞれの頭文字をとっています。①〜③がハードの3Sと呼ばれ、④〜⑦がソフトの4Sと呼ばれます。

改革をなそうとしたときに、前者（ハードの3S）は意思決定を基に瞬間的に舵が切られます。一方後者（ソフトの4S）は人に関わる要素であるため、浸透活動が必要になり短期間では変わりにくく、後からついてくる（ついてこさせる）という特性を持っています。

SWOT分析と組み合わせる上での留意点としては、7Sは組織内部の構成要素をあげているものであるため、SWOTの中でも外部環境を取り上げた「OT」の部分と適合しません。内部環境分析が目的の場合は「7S×SW」で強み弱みを掘り下げればスムーズに進行していきます。論点が明確になり分析結果も明瞭です。また分析項目としては7Sを用いることで「もれなくダブりなく」分析が必要な項目を網羅できる確率が高まります。仕上げに分析結果としてレポートをまとめればでき上がりです。

【図表 31　７Ｓ分析】

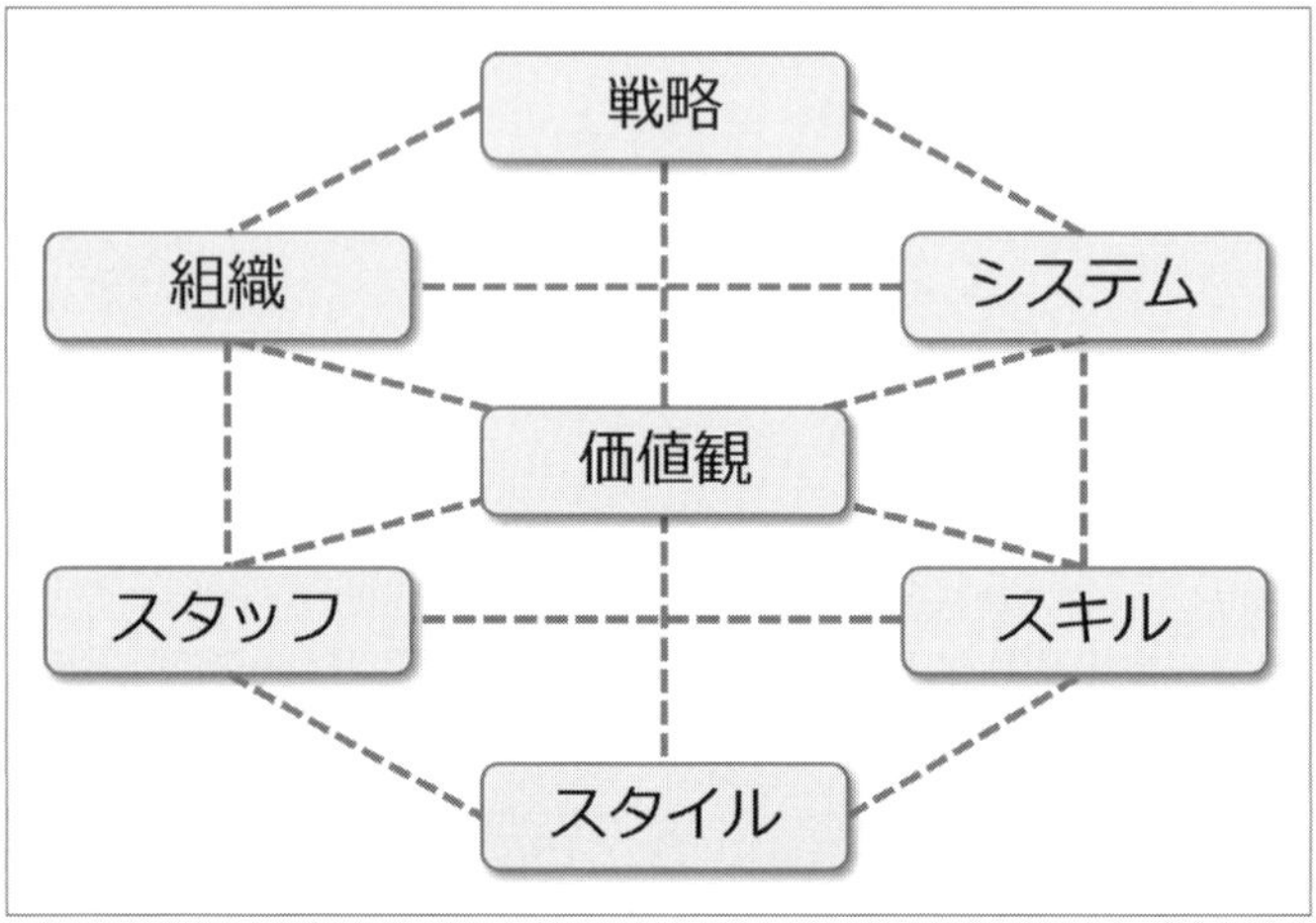

【図表 32　７Ｓ分析×ＳＷ（ＯＴ）分析】

項目	ハードの３Ｓ			ソフトの４Ｓ			
	戦略	組織構造	システム	スタッフ	スキル	スタイル	価値観
Ｓ 強み							
Ｗ 弱み							
課題	どの分野に問題を抱えているかを炙り出すことができる						

例・マーケティングミックス×ＳＷＯＴ分析（図表33・図表34）

同じように自社で取り扱っている商品の分析例を挙げていきます。マーケティングミックス（ターゲット×４Ｐ）×ＳＷＯＴ分析を行うことで、先程と同様の流れを狙うパターンです。

４Ｐとは商品（ｐｒｏｄｕｃｔ）・価格（ｐｒｉｃｅ）・流通（ｐｌａｃｅ）・販促（Ｐｒｏｍｏｔｉｏｎ）の４項目が、標的とするメインターゲットに対し魅力的に感じてもらえるよう施策を串刺しする、もしくは串刺しされた状態になっているかどうかを検証するフレームです。串刺しされた各項目について内部環境・外部環境をそれぞれ比較分析したしたときにどうなっているのか論じることができます。

結果的にＳＷＯＴ分析の各ブロックの中に４Ｐそれぞれの項目が入ってきます。また、分析時に混乱しないようにスムーズに進めるには、初めからシートを４枚に分けてしまい、「商品に関してのＳＷＯＴ」，「価格に関してのＳＷＯＴ」と分析を進行させ、施策として有効な項目のみを抽出してレポートをすればよいでしょう。

いかがでしょうか。何について分析するかを、その都度ゼロから考えていると時間がかかり、抜け漏れが発生しやすくなります。また論点が散漫になりぼやけやすくなります。

こういった形で「評価する項目を示したフレーム」と、「評価する軸を示したフレーム」を、目的に応じて掛け合わせていくことで、効果的な活用につながります。自分の仕事に合わせて、アレンジし続けることで、さらに効能が高まっていきます。

【図表33　マーケティングミックス】

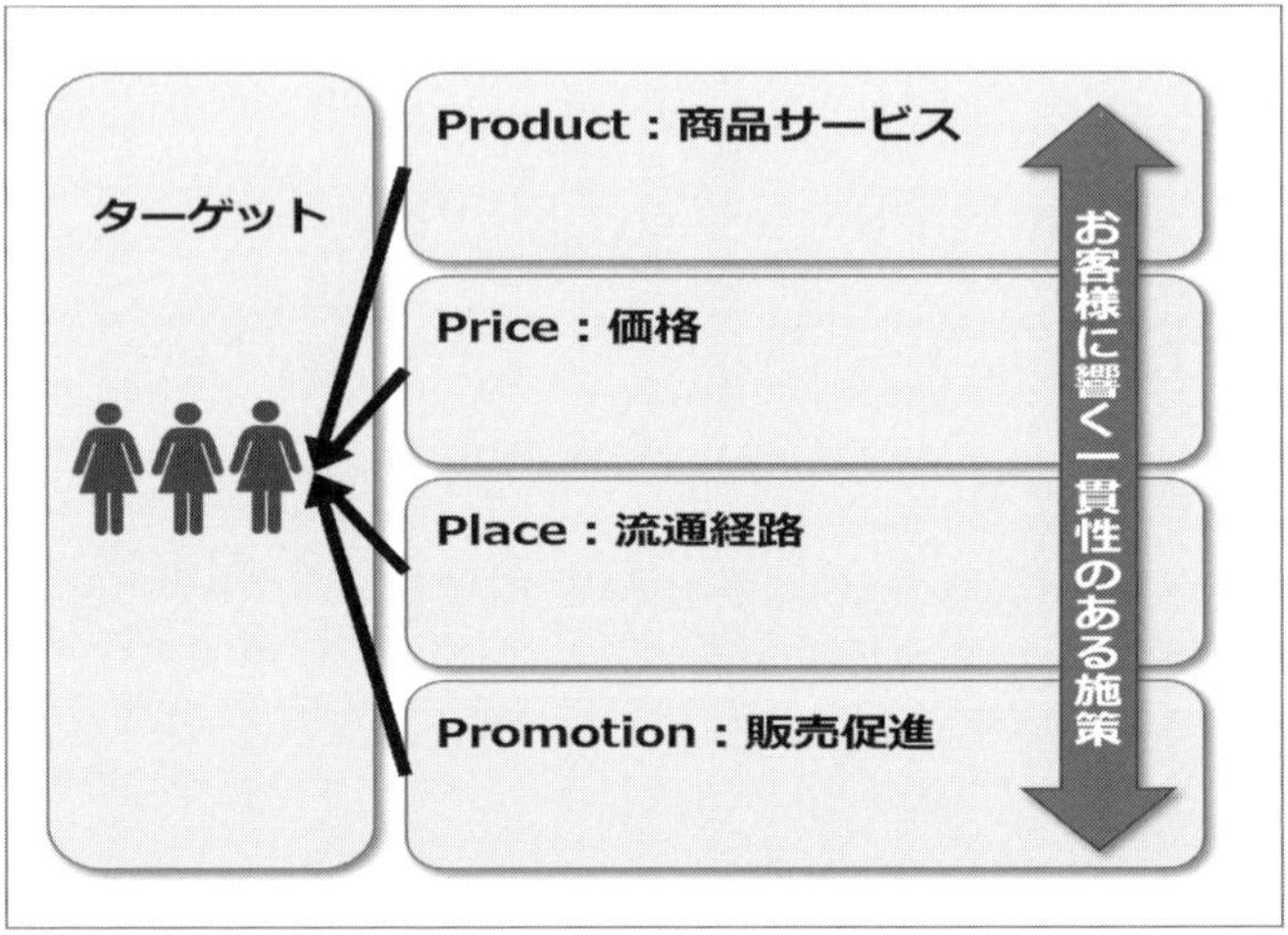

【図表34　マーケティングミックス×ＳＷＯＴ分析】

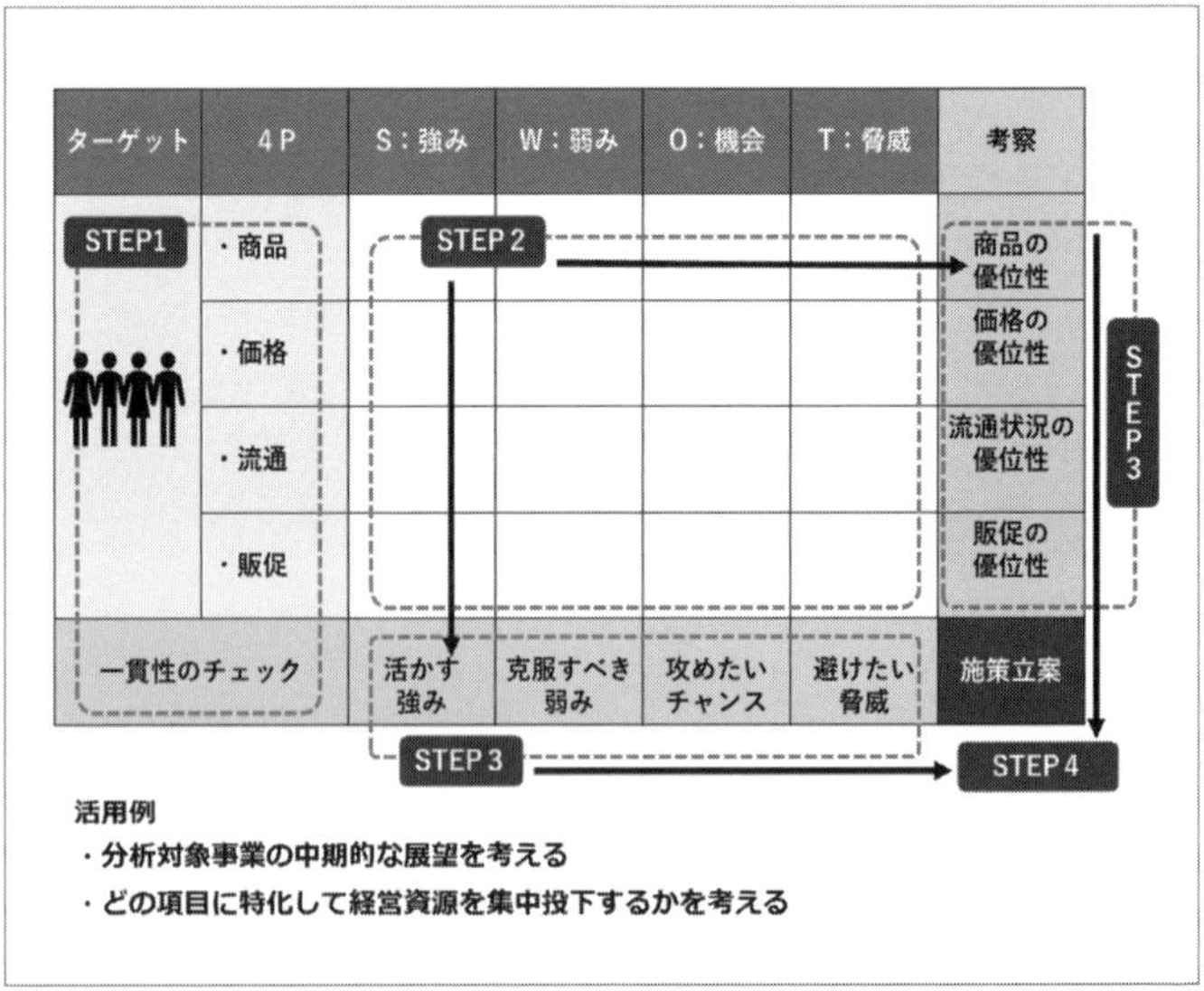

2　フレームワークを上手く活用するには

自分に合うフレームワークを見つける

実際に上手く活用するためには、自分たちの事業にあったもの、また担当している職種にあったフレームをグリップしておく必要があります。そのためには、山ほどあるフレームワークの種類と、それぞれのおおまかな特徴を把握し、業務に適合するものを選択しておかなければなりません。あなたの業務に合いそうなものを選定し、実際に使ってみるのが一番です。また実際に活用されている事例を見て、自分と相性のよい物を探していってもＯＫです。

お試しを進めていく中で、「フレームの2つのタイプ」に注意し、「これはどうかな」と分類しながら把握を進めてください。自分に合ったオリジナルの組合せをつくることが効果を高めます。

ではここからフレームをタイプ別に見ていきましょう。

①評価項目フレーム

1つ目は評価項目を示すフレームです。着眼すべき項目を目的に応じて洗い出しているタイプです。状況や物事を「もれなく、ダブりなく」要素分解し、仕組みや構造を把握してくれています。いくつか代表例を挙げていきます。

【図表35　バリューチェーン】

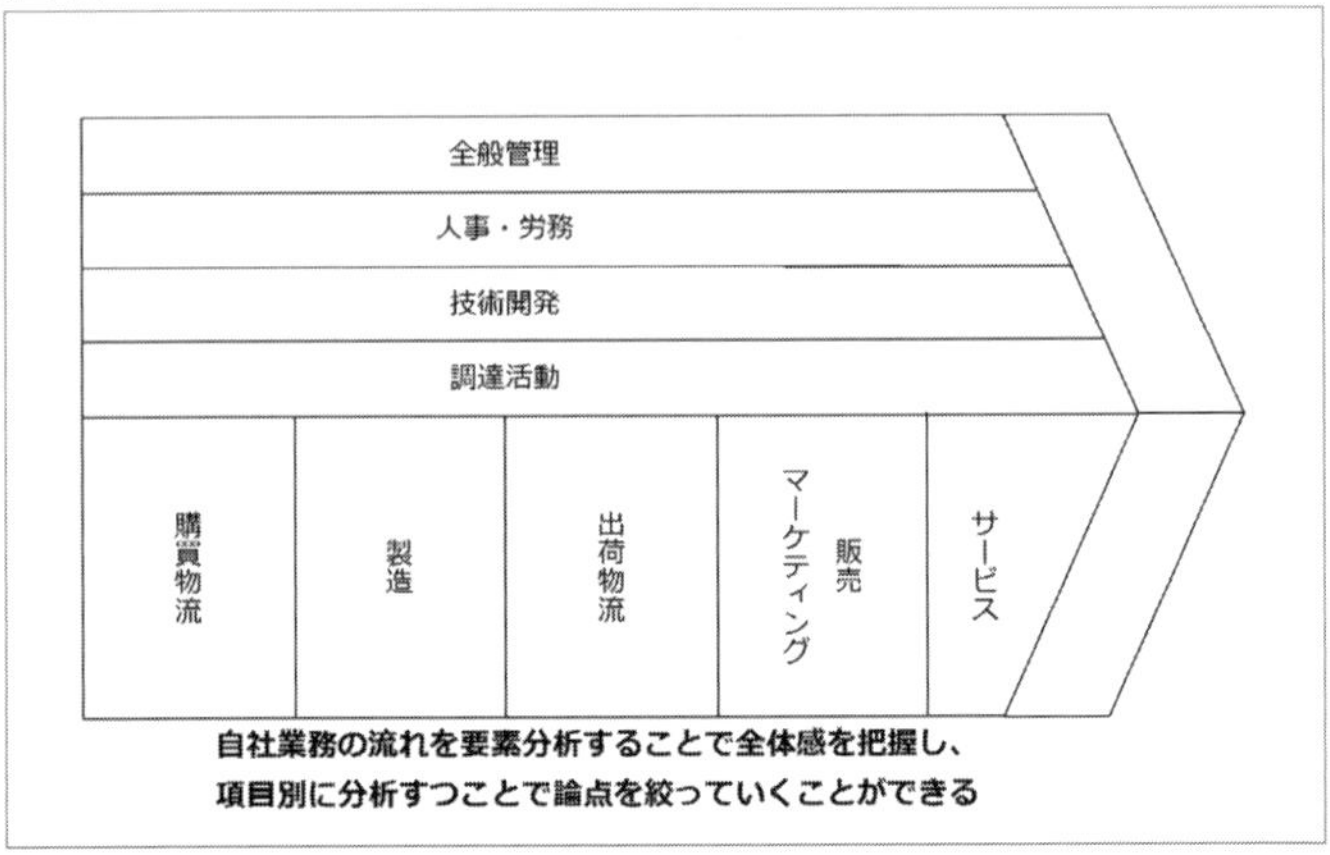

Ⅰ　ビジネス構造型

まずは、ビジネスの構造そのものを図示していくタイプです。例えば自社内の事業構造を示した「ビジネスモデル分析」、社内の商品サービスを提供する構図を業務フローと機能に合わせて図示していく「バリューチェーン」(図表35)が挙げられます。バリューチェーンを応用すれば取引先関係までを含め「サプライチェーン」を図示することもできます。

また少しタイプは異なりますが、「ＴＯＣ（ＴＨＥＯＲＹ　ＯＦ　ＣＯＮＳＴＲＡＩＮＴＳ）」も活用可能です。基本的には生産工程の中でボトルネック（生産工程全体の足を引っ張っている弱点となる工程）を探し対処していく考え方ですが、生産工程を業務フローと捉えると、どの業種であっても仕事の進行手順を示しているものと解釈することができます。

「繰り返し業務」の場合、「プロジェクト型業務」の場合などで見え方は異なりますが、やっていることは同じです。ビジネスモデル分析などが事業全体の構図を示しているのに対し、こちらは実務フローを表しています。目的が戦略策定などであれば前者が効果的であり、業務改善が目的であれば後者が効果的です。

Ⅱ　環境分析型

外部を中心とした環境分析をするタイプもいくつかあります。「ＰＥＳＴ分析」（図表36）は「政治・Ｐｏｌｉｔｉｃｓ」、「経済・Ｅｃｏｎｏｍｉｃｓ」、「社会・Ｓｏｃｉｅｔｙ」、「技術・Ｔｅｃｈｎｏｌｏｇｙ」のそれぞれの頭文字をとっています。

社会全体の市場の状況や、今後の変化を捉え、自社への影響をマクロで捉えていきます。あなたの担当業務の内容によって、関わる深さが変わってきますので、自身がより深く着目すべきジャンルがどこかを考え、注力するポイントにメリハリをつけると効果的です。

また、「５ＦＯＲＣＥ分析」（図表37）もこのジャンルに当てはまるでしょう。提供している商品サービスについて、５つ視点から将来にわたって、優位性を保つことができるかどうかを図ります。「買い手（原材料等の仕入先などの川上の存在）との交渉力の展望」、「売手（顧客企業や消費者など川下の存在）との交渉力」、「新規参入業者の脅威（参入障壁の高低から勝ち残る強さを持っているかを図る）」、「代替品の脅威（とってかわられる新商品や新サービスが出現する可能性）」、「業界内の競争（既存の競合との競り合い）」の５つです。業界構造を把握し自社の事業や商品がおかれた状況をグリップする要素抽出タイプです。

【図表 36　ＰＥＳＴ分析】

- **P：Politics（政治・規制）面の環境変化**
  新たな法律（規制・税制）や政府・関連団体の動きなど
- **E：Economics（経済）面の環境変化**
  景気・物価・為替の変動、賃金・貯蓄率の変動など
- **S：Society（社会・文化）面の環境変化**
  新たな価値観や生活スタイル、世論や流行の変化など
- **T：Technology（技術）面の環境変化**
  技術革新、新技術の一般化や転用、新たなインフラなど

抜け漏れなく外部環境を分析するために活用

【図表 37　５ＦＯＲＣＥ分析】

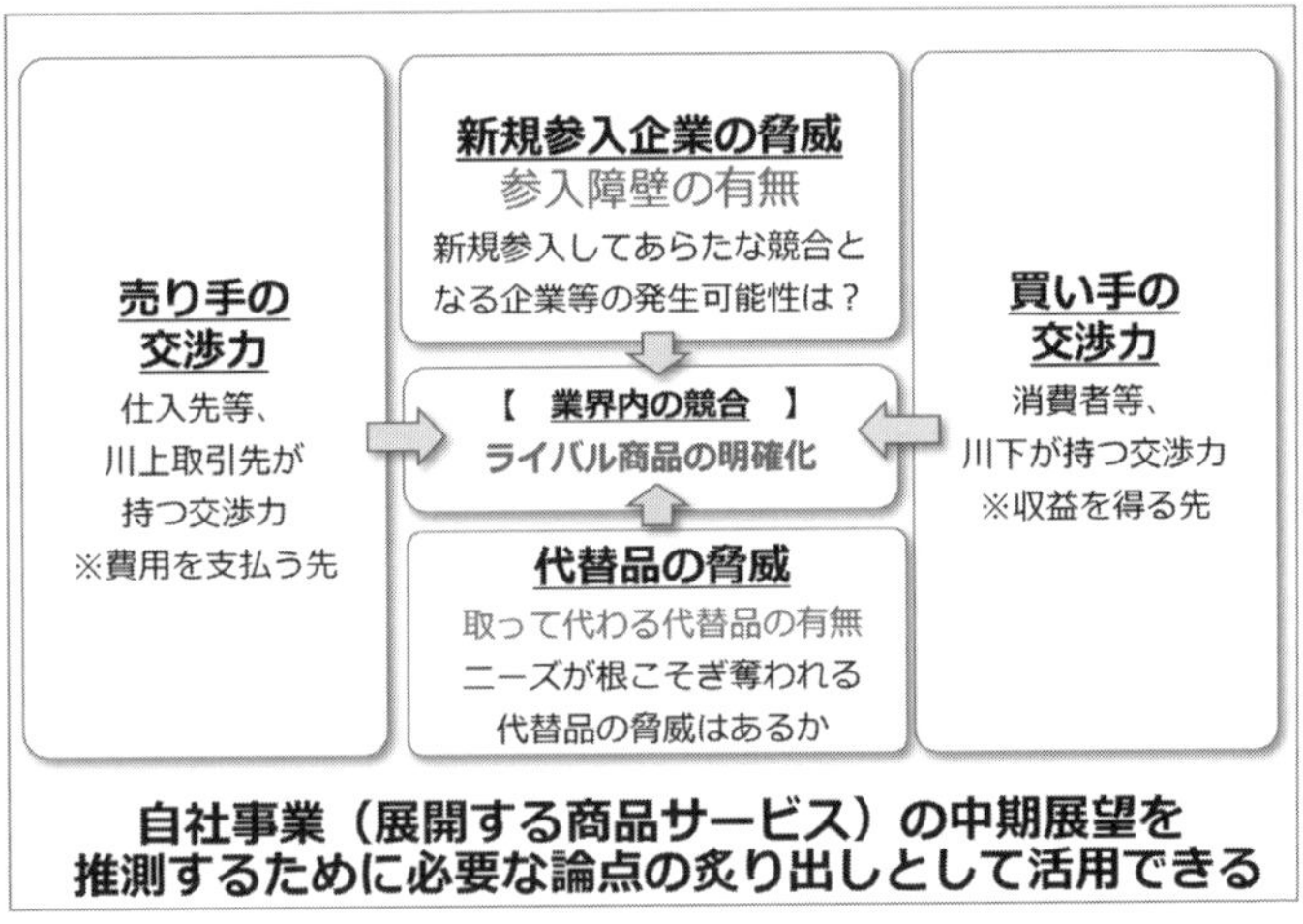
新規参入企業の脅威
参入障壁の有無
新規参入してあらたな競合となる企業等の発生可能性は？
売り手の交渉力
仕入先等、川上取引先が持つ交渉力
※費用を支払う先
【　業界内の競合　】
ライバル商品の明確化
買い手の交渉力
消費者等、川下が持つ交渉力
※収益を得る先
代替品の脅威
取って代わる代替品の有無
ニーズが根こそぎ奪われる代替品の脅威はあるか
自社事業（展開する商品サービス）の中期展望を推測するために必要な論点の炙り出しとして活用できる

【図表 38　ＰＱＣＤＳＭＥ】

【図表 39　４Ｐ・４Ｃ分析】

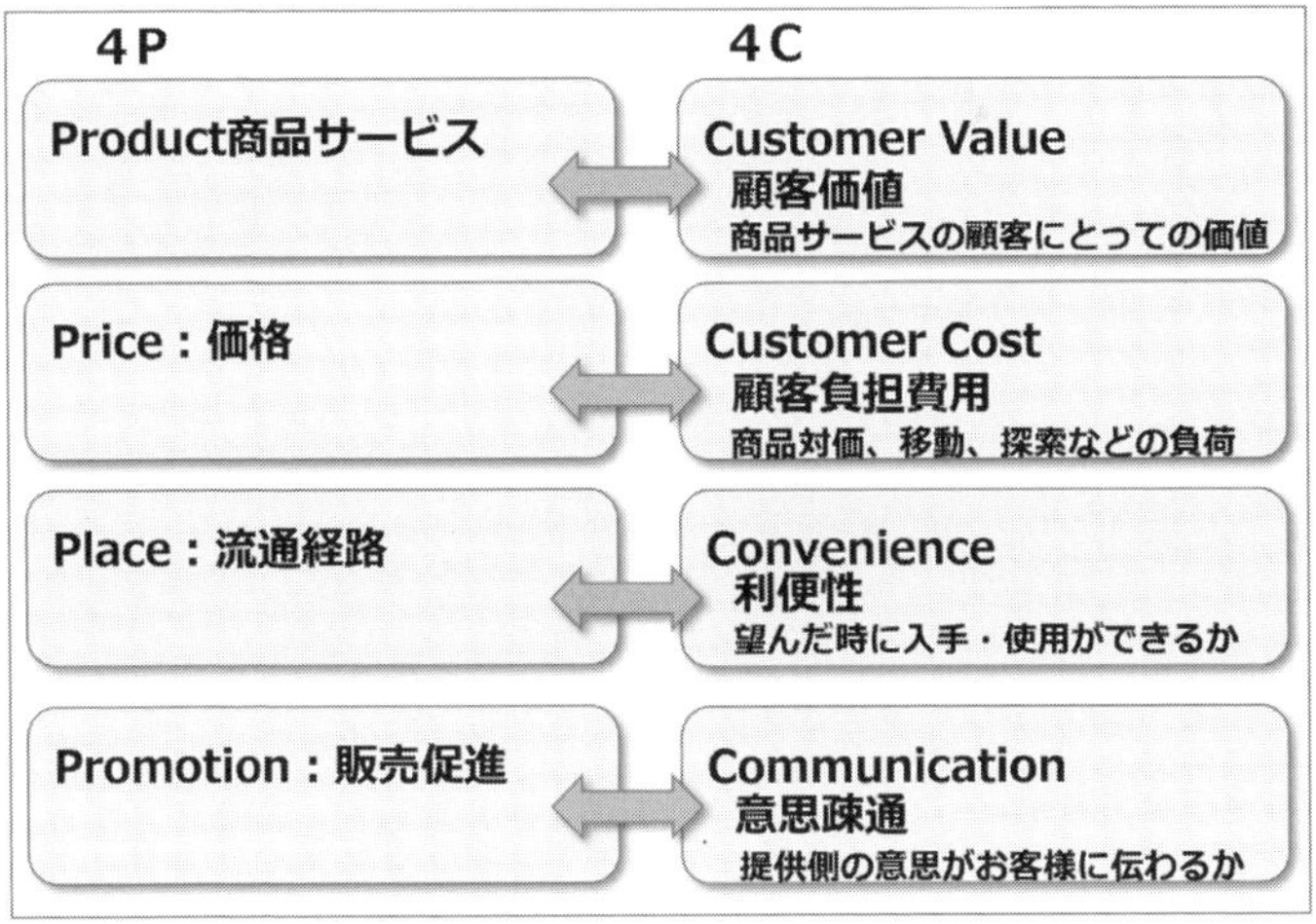

Ⅲ　経営資源型

経営資源や生産性に着目するには、生産に必要な4要素である「4M」が活用できます。「人・Man」、「機械（設備）Mashine」、「素材原材料・Material」、「手法・Method」といった要素の状況を見ていきます。またこれには「指示（情報）Infomation」が追加されることもあります。また、「PQCDSME」（図表38）も活用可能です。「生産性・Productivity」、「品質・Quality」、「コスト・Cost」、「納期・Delivery」、「安全性・Safety」、「士気、意欲・Morale」、「環境・Envinronment」の7つです。

核となるQCDを軸に現状を掘り下げていくことができます。このあたりは、製造業における生産に関わる項目から落とし込まれていますので、ご自身の状況に合わせて解釈を変更したり、項目をカットしたり、入れ替えたりなどのアレンジをすることが効果を高めるポイントとなります。

Ⅳ　商品サービス型

商品、サービスにおける基本要素に着目したいときは、先にあげた「マーケティングミックス」が活用できます。商品サービスを提供する側から見るのであれば「4P」を、お客様側からの視点で見るのであれば「4C」（図表39）の活用を推奨します。

4Pは既に説明していますので割愛しますが、4Cは、4Pの要素をお客様目線の解釈に切り替えたものとなっています。「顧客価値・Customer Value（商品サービスのお客様にとっての価値）」、「顧客コスト・Customer Cost（商品サービスに対して支払うお客様負担）」、「利便性・Ｃｏｎｖｅｎｉｅｎｃｅ（商品が順当に流通しお客様が欲しい時に簡単に入手することができるか）」、「意思疎通・Ｃｏｍｍｕｎｉｃａｔｉｏｎ（商品サービスの魅力がお客様にわかりやすく伝わっているか）」の４つです。事業者側目線で４Ｐを活用して分析した後、お客様側からの視点で検証するといった活用方法も効果的です。

次は２つ目のタイプに進みましょう。

②評価判断軸フレーム

１つ目のフレームで、現状をきめ細かく要素分解し、落とし込むことができたならば、これを評価基軸となるフレームを使って分析をしていきます。評価軸となるフレームは、１つ目のフレームとの相性を鑑み、全体を活用するケースもあれば部分活用する場合もあります。

Ⅰ　ＳＷＯＴ分析（図表30）

既に一度事例をあげていますので詳しい説明は割愛しますが、このフレームは、「○○という強みを活かして、○○という市場の機会へアプローチする」といった戦略策定をする際に有効です。

Ⅱ　ＶＲＩＯ分析（図表40）

戦略系のフレームや、商品サービス系のフレームと相性がよいのが、「ＶＲＩＯ分析」です。「①経済的価値・Ｖａｌｕｅ」、「②希少性・Ｒａｒｉｔｙ」「③模倣困難性・Ｉｍｉｔａｂｉｌｉｔｙ」、「④組織活用・Ｏｒｇａｎｉｚａｔｉｏｎ」の４項目で評価をしていきます。

【図表 40　ＶＲＩＯ分析】

V 経済的価値	R 希少性	I 模倣困難性	O 組織活用度	競争優位性
NO				競争劣位
YES	NO			競争均衡
YES	YES	NO		一時的な競争優位
YES	YES	YES	NO	持続的な競争優位
YES	YES	YES	YES	持続的優位経営資源の最大活用

・V（Value）～経済的価値　お金を払うに値するものかどうか

・R（Rarity）～希少性　市場にない新たな商品であるかどうか

・Ｉ（Imitability）～模倣困難性　競合に模倣されないかどうか

・O（Organization）～組織での活用度　資源を組織的に有効活用できているか

①から順に1段階ずつクリアできているかどうかチェックをしていきます。①の経済的価値（同一品質のものがいくつ売れるか）のパフォーマンスが市場標準を下回っていれば競争劣位（負けている）な状態です。①で経済的なパフォーマンスが標準的な位置づけを取ることができていれば、競争均衡（競合他社と横並び）の状態となります。

②の希少性をクリアできたら、一時的な競争優位（市場で勝っている）状態と言えます。しかし、希少であるだけでは、マネをすることが容易であるため、すぐに競合他社からの追い上げを受け、競争均衡状態となってしまいます。

③の模倣困難性をクリアすることができたなら持続的競争優位を確保することができている状態です。他にはない大きな強みを持っていて、そうそう追いつかれない状態を確保しています。「技術面で新たなノウハウを活用した商品をつくることができた」という状態であれば希少性を有していますが、今の時代は放っておけばすぐに競合他社も追いついてきます。さらに特許を取得するアクションがあれば、そうそう模倣することはできず、持続的な競争優位が確保できたということができます。

他にも例をあげれば、コンビニエンスストアの事業展開も該当します。業態としての展開当初は長い営業時間等を武器に、商店街の店舗等から差別化した希少性のある存在でした。１９８０年代前半あたりはそんな感じです。その後、店舗が増え続け、現在は飽和状態と言われる状況になっています。統廃合も進み、大きくは3つのナショナルチェーンが中心となっています。

この中でもトップの位置づけにいるセブンイレブンは出店戦略として、ドミナント戦略（地域ごとに集中出店していく手法）を採用しているため、これまで出店していない都道府県に進出する際は一斉にたくさんの店舗が開店します。この方法が繰り返された結果、現在は全都道府県に出店しています。この2万店を超える毛細血管のように張り巡らされた店舗網は模倣困難性の要素が高いといえます。

これから同じやり方でコンビニ事業をゼロから立ち上げ、戦いを挑み始めようとはなかなか考えにくい状況です。新たにマネされにくい状態―これが模倣困難性です。

真似できないという意味では、店舗網を軸にした事業のスケールメリットも当てはまります。同じ商品を仕入れるのであれば、10店舗で仕入れるのと、2万店で仕入れるのでは交渉力が異なります。こういった強みを意図して活用できていれば、組織活用ができている状況と言えます。

③で止まってしまうと、せっかくの模倣困難な経営資源が宝の持ち腐れとなってしまいますが、④をクリアした状態は模倣困難な要素を組織としてしっかりと活用できている状態であることを表しています。

1つ目のフレームで落とし込んだ事柄をVRIOの観点から評価をすることで、自社の商品サービスが、競争優位の視点で、どの段階にいるのかを分析できます。きめ細かく要素別に落とし込むことができていれば、項目ごとの評価が可能になり、自社の事業や商品についてどの項目が強みとなってるかを推し量ることができます。

３Ｃ分析（図表17）

こちらは比較対象を示したフレームです。「ターゲット顧客・Ｃｕｓｔｏｍｅｒ」、「自社・Ｃｏｍｐａｎｙ」、「競合他社・Ｃｏｍｐｅｔｉｔｏｒ」の３つの頭文字をとって３Ｃです。ターゲット顧客に対し、自社と競合他社が商品サービスを提供している構図を描き、お客様にとってどちらが優位であるかを評価分析していきます。

このときもう１つのフレームで自社商品と競合商品の比較対象項目を共通にしていくことで効果的な評価が可能になります。「お客様に○○と思われたい」が、実現できているかどうかを判断する項目を明示したフレームとのかけ合わせです。

３　フレームの組合せ

７Ｓ×ＳＷ（ＯＴ）（図表31・図表32）

では実際にフォーマットとして組み合わせてみましょう。

一度説明をしていますので、詳細は割愛します。こちらは内部環境を構成する要素を７Ｓで要素分解して項目を明確にし、ＳＷを活用して、「強み」「弱み」に分けていきます。評価項目軸×評価判断軸で分析し、どこを伸ばしていこうとするか、どこを克服（改善）していく必要があるかを明確に示します。

【図表 41　ＰＥＳＴ×ＯＴ分析】

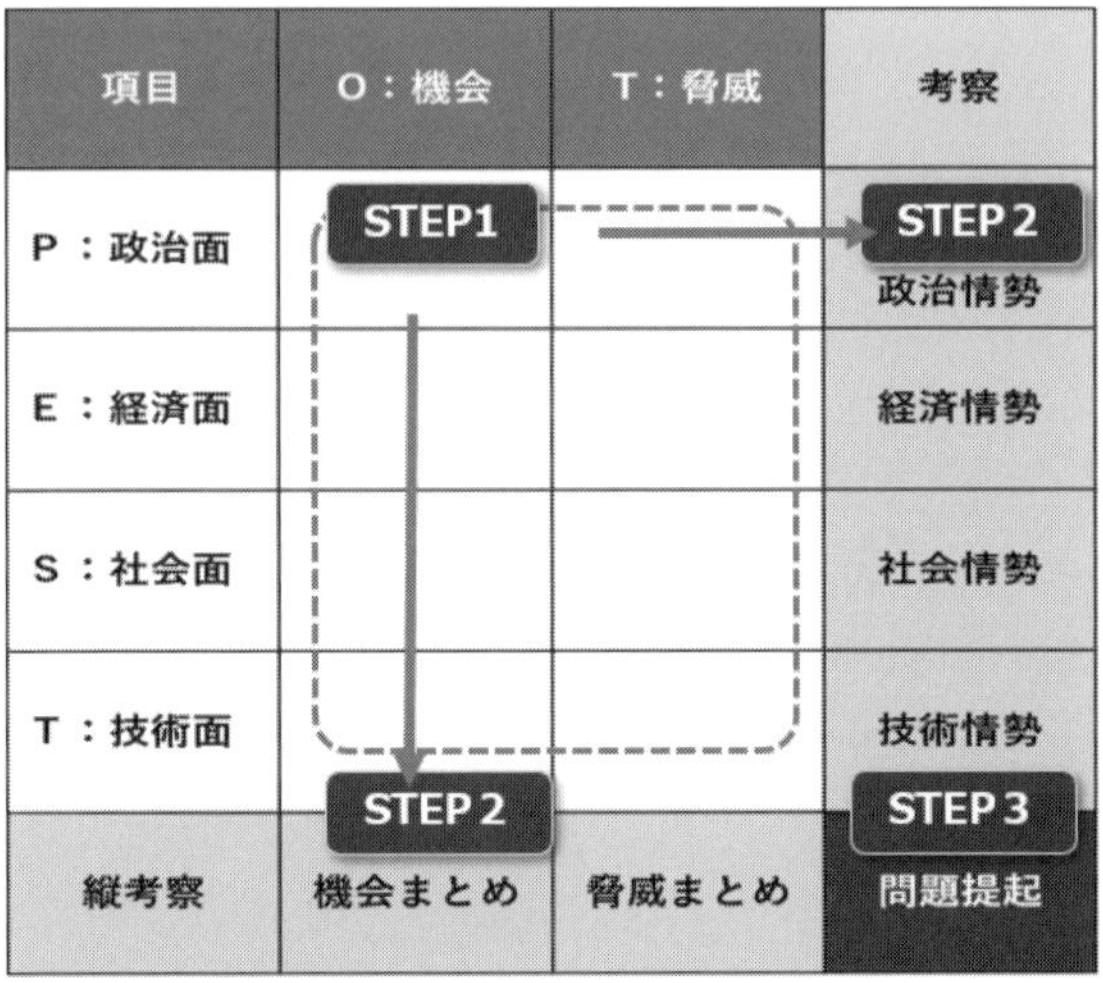

外部環境の変化の中で、追い風が吹いているか
向かい風が吹いているか、を分析します。

【図表 42　ＰＱＣＤＳＭＥ×ＶＲＩＯ】

ターゲット	P：製品	Q：品質	C：費用	D：納期	S：安全性	M：意欲	E：環境	横考察
V 経済価値	○	○	○	○	○	○	○	考察
R 希少性	○	○	×	×	○	○	○	
I 模倣困難性	×	○	–	–	○	○	○	
O 組織活用度	–	○	–	–	×	○	○	
縦考察		判定						施策立案

STEP1　STEP2　STEP3

工場の管理尺度をVRIOで判定したフレームです。競合対比で、競争優位なポイントと競争劣位なポイントを分析し、崩してはいけない論点と克服していきたい論点を明確化します。

【図表 43　３Ｃ×マーケティングミックス】

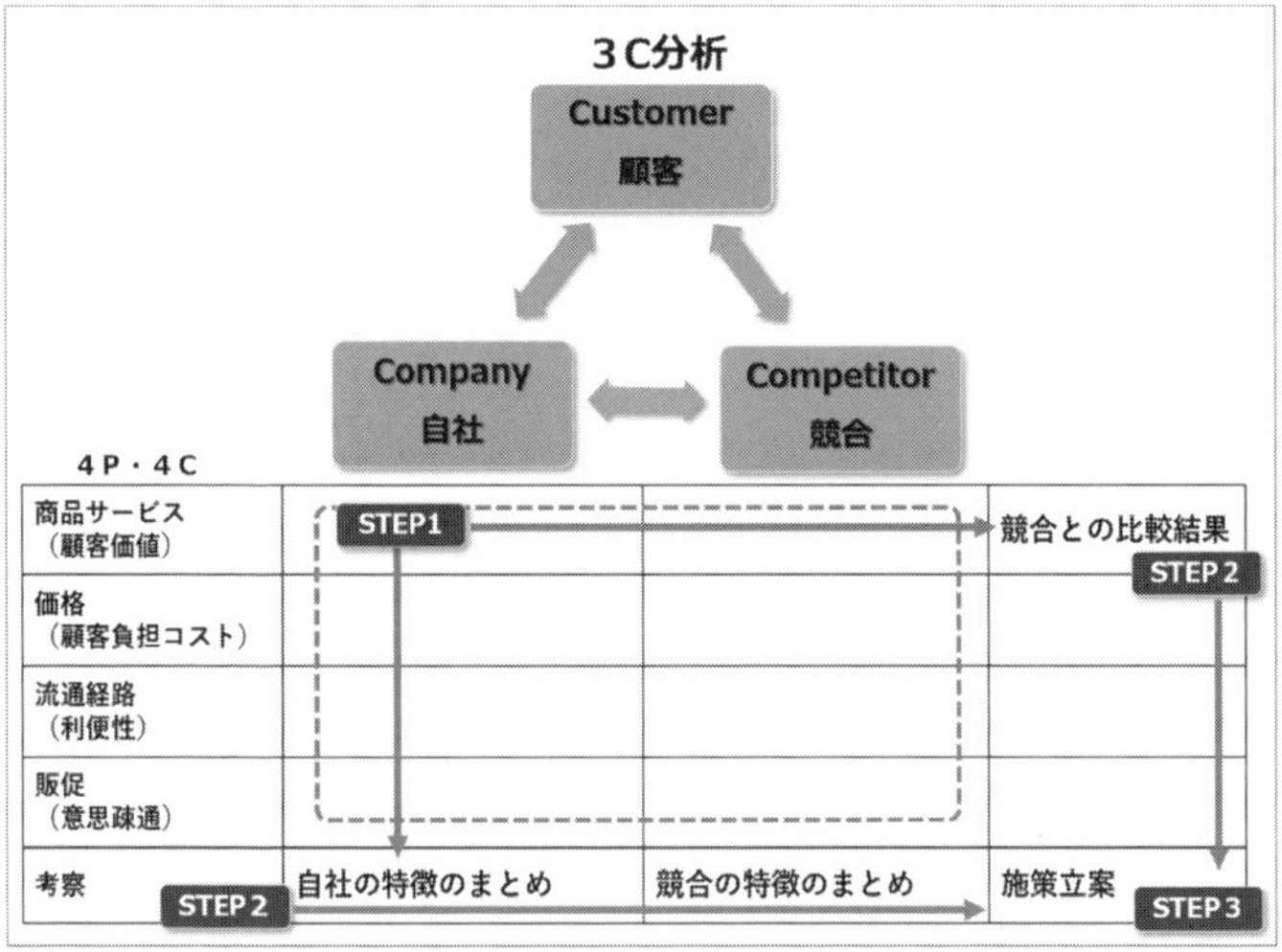

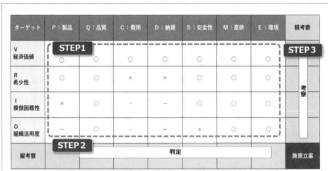

PEST×（SW）、OT（図表41）

こちらは外部環境を政治・経済・社会・技術に要素分解をして項目を切り分け、外部環境項目である「O：機会」と「T：脅威」に分けていきます。挙がってきた内容を、追い風が吹いているか、向かい風を吹いているか明確化していきます。

ポイントは「一見すると、マイナスに働きそうな項目をチャンスと捉えることができないかと深堀をしていくこと」です。「少子高齢化＝向かい風」ではなく、見方を変えてチャンスと捉えることができないかを考えていくことで、効果を発揮します。

PQCDSME×VRIO分析（図表42）

こちらは生産要素となる項目をＶＲＩＯで評価してくタイプです。希少性や、模倣困難性を保有している要素がどこにあるのかを明確にし、ストロングポイントを明確にします。

競争優位の源泉となる経営資源を保持できているか、またそれが将来に渡り競争優位を維持することができるかを判別します。

マーケティングミックス×ＶＲＩＯ

こちらは商品サービスの要素をＶＲＩＯで評価していくものです。マーケティングミックス×ＳＷＯＴの変形型のフォーマットとなります図表34をアレンジしてみてください。

商品の箇所は更に、デザイン、素材、重さ、耐久性といった具合に商品を構成する要素を分解することで、より詳しく分析することもできます。商品によって異なると思いますが、特性に合わせて設定し、持続的な優位性があるかどうかを判断していくことができます。

３Ｃ×４Ｃ分析（図表43）

こちらは少し変わった形をしていますが、４Ｃを評価項目として、競合を同じ視点で分析し、優劣を評価していく構図です。自社の商品サービスが、ターゲットとして設定したお客様から見て、競合に勝ることができているかどうかを判断していくため、お客様目線である４Ｃを評価項目フレームとして選定しています。４Ｃの項目別に自社と競合の比較をしていくと、それぞれ競合に対し競争優位にあるか、劣位にあるかがわかります。

論点が不明瞭な状態のまま分析をすると、直接比較ができず「やってはみたけど、わけがわからなかった」となりがちです。要素軸となるフレームと評価軸になるフレームをかけあわせて使うことで活用度は大きく上がります。

プロ化を促す若手部下に対し手本を見せる、あるいは指示を出すためには、具体性が重要です。思考ステップを明確に示すほど、若手部下の理解度は短期間で向上していきます。

フレームワークを上手く使いこなせるようになることで、あなたが若手部下を導く力は大きく増していくでしょう。

4　フレームワークを上手く若手部下育成に活用する

「なるほど」という体験をさせる

いかがでしょうか。いくら現状をきめ細かく掘り下げて行っても分類整理と解釈ができないと、なかなか意味を成しません。

一方でうまくフレームを活用し、最初から解釈するための分類を定めて落とし込んでいけば、経験が浅くても一定レベルまでは解釈することができます。

経験を蓄積してきた「あなた自身」は、ここまでやらなくても分類し、解釈することができるかもしれませんが、若手部下はそうはいきません。

「こうやって分類してみてごらん」というレベルまで連れていけば、成果を出しやすくなります。「なるほど！」という体験をさせることができれば、徐々に自走し「プロ化」に向け自ら加速していきます。あなた自身の経験も整理され、思考もすっきりし指導力も向上します。是非、オリジナルのノウハウを構築していってください。

※こちらであげたフレームワークのフォーマットは、弊社ＨＰでダウンロードが可能です。是非試してみてください。

ｈｔｔｐｓ：//ｋｙｏｄａｉｓｈａ．ｃｏｍ

5　部下の論理的思考の向上を後押しする

部下の論理的思考をより高めていくために

さてここまで進むと、あなたの論理的な投げかけに応えるように、若手部下の論理性も徐々に高まってきます。物事に対し、なぜそう思うのかを説明する力が高まっていくからです。上手く言葉にできないと「なんとなくそう思う」から脱却できませんが、1つひとつ落とし込んで考えていれば、論理的であることが当たり前になっていきます。

これまで「なんとなくそう思う」と表現していたものが、「まだ言葉にできてないから説明できない」と感じるようになっていきます。この後、何事においても「なぜ?」という投げかけを繰り返すことが、さらなる成長を支援していくのです。

目的と根拠の相関を癖づける

「なぜ」を追求する投げかけをした際に、「因果関係」が成立しているかどうかについて着目し、根拠のある捉え方ができているかどうかをフィードバックしていくことが論理性を高めていくためには重要です。因果関係が成立していない場合は「それって理由になってないよね」といった一言を添えて、一緒に考えながらヒントを出していきましょう。

ある上司と若手部下の会話例です。

倉庫が荒れていて備品等がぐちゃぐちゃに置かれている状態で、若手部下が片づけているところ、上長が通りかかり、投げかけを行いました。

上司　「どうしてこうなちゃったの？」

若手部下「うーん…みんなが無責任だからじゃないですかね？」

上司　「私も片づけを命じられたからやってるだけで、私が悪いわけではありません」

気持ちはわからなくないですが、「どうして荒れてしまったのか」という問いに関しては、完全に他責の状態です。むしろ被害者意識のほうが強いかもしれません。「何故そんなことを言われなければならないのか」と感じているかもしれません。さらに続きます。

上司　「こうならないようにするにはどうしたらいいかな」

「無責任といえばそうかもしれないけど」

「そもそもどうしてみんなちゃんと片づけないんだろうね？」

と原因を考えさせるための投げかけを行います。

若手部下「…実際、片づけるために、綺麗に並べなおしてはいますが」

「毎回どう並べたらよいか困ってます。そもそも片づけにくいです」

「みんな面倒くさいんだと思います」

こんな返答を引きだしました。

上司　「だとしたらどうしたらいいかな？」

とさらに続けます。

若手部下「うーん…。そもそもスペースが足りないです」

上司　「では、どうしたらスペースができるかな」

若手部下「奥にある昨年のキャンペーンの販促備品はいらないので捨ててもいいと思います」

上司　「なるほど。ほかには？」

若手部下「使う頻度が低いものは、使う時期ごとに集約すれば、コンパクトになりそうです」

上司　「いいね。もっとないかな？」

とさらに続けます。

この後も会話が続いていった結果、①不要になったものを廃棄しスペースを確保すること、②「よく使うものを手前に、あまり使わないものを奥へ」というルールを決める、③備品の種類ごとに定位置を決める、④誰でもわかるように表示をする、ということになりました。

やったことは「5S」活動の一部分です。「5S」とは「整理・いるモノといらないモノを分類し、不要なものを処分すること」、「整頓・定位置を決めて維持すること」「清掃・ゴミ等が落ちていないようきれいにすること」、「清潔・きれいな状態を保つこと」、「躾《しつけ》・きれいに保たれた状態が定着し、当たり前の状態になること」を指しています。順番に取り組み、業務効率のよい状態を維持継続していく手法です。

そしてひと通り話がついてから、もう一度尋ねます。

「じゃあ最初の質問をもう1回するよ。なんでこうなっちゃったんだろうね？」

「！　そういうことをきいてたんですね。今はわかります。そもそも綺麗な状態を保てるようになってないから、ですね」

目の前に置かれた状況に対して、原因と結果をつなげていくことで「ＰＤＣＡ」でいうチェックアクションに繋がり、理解が深まっていきます。新入社員であれば指示的行動になりますので、直接やりかたを伝えますが、「プロ化」を進めていく段階では、丁寧に思考を促していくことが重要です。まさに「急がば回れ！」です。

自ら論理的思考を率先垂範する

少々プレッシャーがかかるかもしれませんが、あなた自身が因果関係を基に、論理的な思考で物事を考え、発言することを意識しましょう。普段からそういった姿を見せていくことで、普段から因果関係を意識し、論理的に思考をすることが当たり前になっていきます。

「手本として完璧にこなせるか」と不安に感じるかもしれませんが、誰しも完璧なんてことはありません。常に狙ってアクションを起こしていることは重要ですが、でき栄えはよいときも、いま1つのときもあってよいのです。それはあなた自身だけでなく、若手部下にも言えることです。そう思えば少しおおらかな気持ちで行動できるはずです。

第7章　若手部下に自発的な行動を促す

1　やりがいのレベルを上げていく

第３ステップから第４ステップへ（図表44）

徐々に力をつけ、やりがいを感じてくると、様々な事柄について自発的な行動を起こし始めます。しかしそのアクションには不安定な時期があり、何度か失敗が続いてしまったりすると気持ちが折れたり、委縮してしまい、せっかくの流れを途切れさせてしまうケースもあります。平素から状況を見守りつつ、意図的にやりがいに対する気づきを与え（思い出させ）、前向きな状態を後押ししていくことが重要です。

ＳＬ理論でいうＳ３段階に差し掛かり、Ｓ４段階へと向かっていくタイミングです。ここまで来ると、ひと通り仕事を覚え、あなたからは指示的行動が減少し、援助的行動が増えていきます。

また、これまで感じてきた「やりがい」を少しずつ高次なものへと、促していく時期でもあります。初期はシンプルに楽しいと感じることができればＯＫですが、徐々にミッション（仕事の目的や使命）やビジョン（仕事をした結果、こうありたいという具体的な姿）まで高めて行く必要があります。これによって「言われたからやる」や「楽しいからやる」をクリアし、「○○のためにやる」と想いの切り替えを図ります。若手部下自身が後輩に「自分は○○を目指している」と熱く語れるようになれば成功です。

【図表 44　ＳＬ理論】

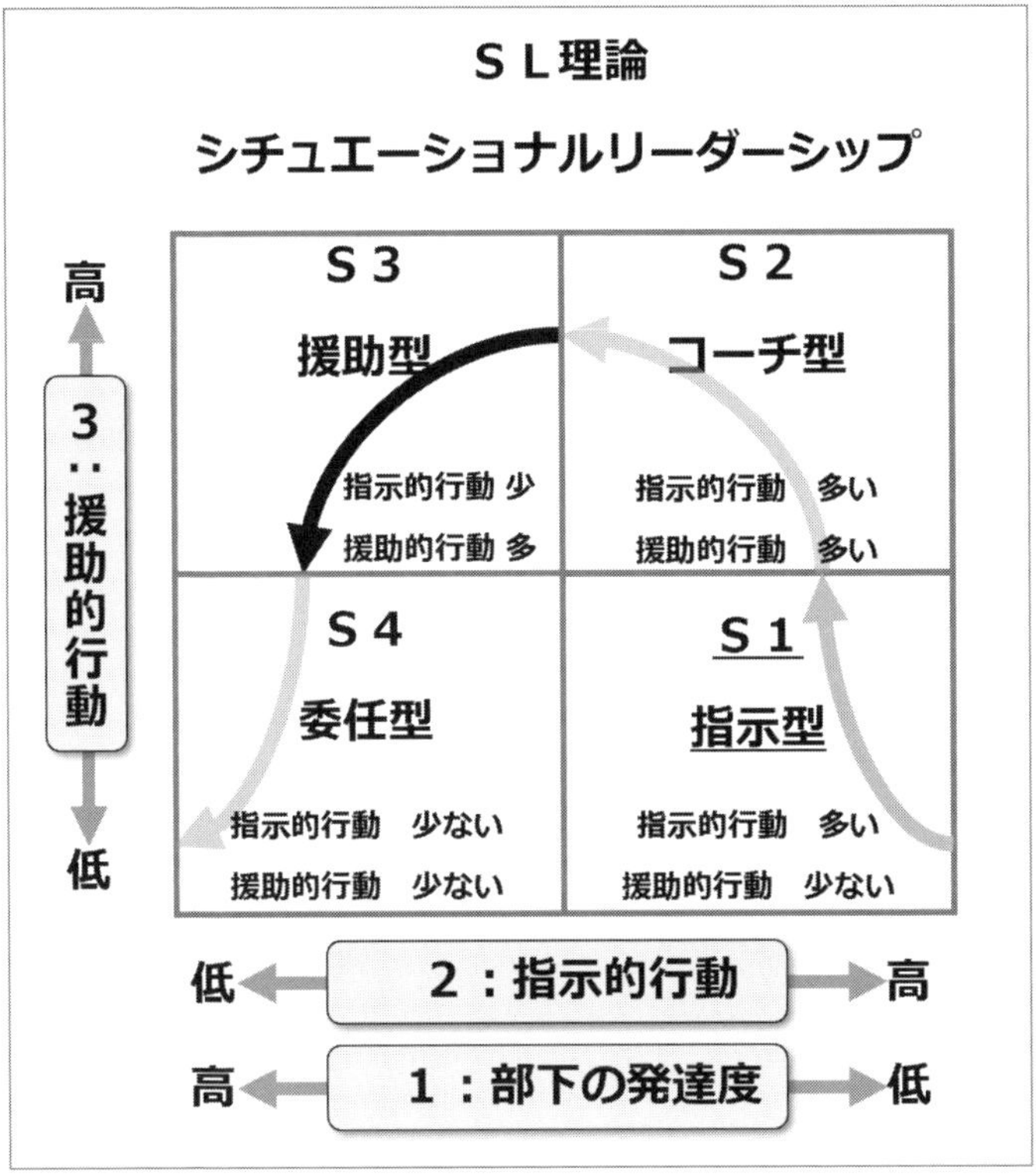
ＳＬ理論
シチュエーショナルリーダーシップ
Ｓ３
援助型
指示的行動 少
援助的行動 多
Ｓ２
コーチ型
指示的行動　多い
援助的行動　多い
Ｓ４
委任型
指示的行動　少ない
援助的行動　少ない
Ｓ１
指示型
指示的行動　多い
援助的行動　少ない
高
３：援助的行動
低
低
２：指示的行動
高
高
１：部下の発達度
低

権限委譲～そろそろ〇〇をやってみないか

その結果、ステップを踏んで、少しずつ具体的な権限委譲を進めていきます。その際に意識しておきたいNGワードがあります。

「あなたもそろそろ〇〇歳なんだから、もっと、せめてこの位までやってくれないと困るんだよ」といった組織側からの都合を強要する物言いです。若手部下は役職につくことや、チームのリーダーの役割を担うことを、あまり積極的に考えていません。そのため、次のステップに向けた権限委譲は、丁寧に進めていく必要があります。

かつては出世してポストにつくことは花形であり、誰もが目指す目標でしたが、徐々に状況が変わってきています。かつての成功モデルが崩れていく中、若手の人員構成が徐々に下がっていきます。その結果、中間管理職のポジションにはリーダーワーカーとしての役割が求められるようになっていきます。

昇格時に初級管理職としての役割が加わりますが、チームに所属する若手がこれまと比べると不足していることから、プレイヤーとしての役割も兼務する状態が続きます。当然忙しいですし、負担も重くなります。本人は、その期待に応えようと頑張ります。

その姿が若手から見ると、厳しく映ります。どの階層も人員構成の変化の影響を受けていますので、更に上の階層も負担が重そうに映るという意味では同じです。若手から見ると、ポストに就くこと、あるいはリーダー役を担うことは、「とにかく大変そうだ」というマイナスのイメージに映って見えています。

もう1つ言えるのは、人事制度・賃金制度といった仕組みへの知識不足です。実際には役割が変わっていくと賃金も変わっていきます。変化の仕方は企業によって様々ですが、責任ある役割に対して対価が支払われ、頑張りが評価されたときの上り幅は責任ある役割を担っている人により多く配分されます。

ただし、役割を果たし始めると同時に相応の対価を得るのではなく、それを継続することで徐々に対価が高まっていくことが多いのが実態です。若い頃はなかなか実感を持ちにくい部分です。そのため、その役割を担うと対価としていくらもらえるのかを、「昇格した瞬間の上り幅」という目の前の対価のみで発想してしまい「割に合わない」と感じてしまう傾向があります（実際はその後、時間をかけて上がっていきますし、さらに上のクラスに上がるための登竜門でもあります）。

その結果、「仕事は現状維持にして、ワークライフバランスを充実させたほうが、むしろメリットがあるかな」という発想に陥りがちです。

このような心理状況の中、「やってくれなければ困る」と強要するような働きかけはむしろ逆効果です。こちら側の都合で押しつけるのではなく、徐々に思考が切り替わるよう、意図的に促していくことがポイントになります。

本人が意欲的に取り組めそうな得意項目から、徐々に「ここまでやっていい」、「ここまで決めていい」という幅を持たせていき、決断する領域を広げていきましょう。やり始めは、本人も戸惑いがあるでしょうから、決断前に報告させ、あなたがＯＫを出して進行するという形で進め、徐々に「こうしたい」という意思を出させるよう仕向けていきます。

急に「スイッチを切り替えろ」といってもなかなか難しいものがあり、それを役職への着任等で無理にすすめようとすると、拒絶反応を示しかねません。ステップを踏んで権限委譲を進め、若手部下の仕事領域を深くしていきましょう。

若手部下の視点を高めるアプローチ「2次上司目線で考える」

若手部下の意欲を引き出していくためには視点の転換を図ることが重要となってきます。キャリアが短い段階では見える範囲が広がってきていても、まだまだ狭いのが実態です。あなたが視点を高いところまで引き上げていくことで見え方が大きく変わってきます。偶然高い視点で考えることができるケースもありますが、その確率は低く、意図して投げかけを行うことが重要です。

前にも触れましたが、あなた自身の視点では高さが足りません。先輩や1次上司との関係はライバルでもあるからです。思考が前を向き始め、自分の意見を持つようになると、あなたが議論の対象となっているため、あなたの目線を意識させただけでは、現状の視点と大きく変わらないままの討議となってしまいがちです。「今もその目線で見ているのだけど」と本人は思っているからです。

そのため、視点を高くするための投げかけとしては、2次上司の目線で考えさせることが重要です。組織図や、役割分担表などを見せながら、「2次上司の立場に立って考えたらどう思う?」と投げかけ、その立場になりきって思考することを促していきます。すると徐々に俯瞰力がついてきますので、「部門や課といったチーム全体として何が求められているか」ということに思考が回るようになっていきます。自身の担当業務以外に目が行くことによって、求められる言動にも気づきを得ていきます。

うまく思考が始まると、ときおりつぶやくように全体について考えた言葉をこぼすようになります。「最近こんな風に思うんです」といった感じです。その「つぶやき」が、思考が始まったサインです。

一方で喜ばしいことではあるものの、その内容そのものは意外と浅いものが多いのが初期の実態です。当然ですが、キャリアも長く、常にそういった目線で考えているあなたからすれば、「もっとこうだろ」とか「今更何言ってんだ。ずっとそう言ってきただろ」と言いたくなることもあるでしょう。

しかしそこはグッとこらえてください。ここで余計なことを言って、せっかく芽吹いたものを摘み取ってしまうことがないよう注意しましょう。あなたのほうが、レベルが高いのは当たり前ですから。

こういった場合、まずは考え始めたことを承認しましょう。「視点を高めて考えることができるようになってきたこと」へ具体的に承認のフィードバックを行い、そのまままっすぐ進むよう促していくのです。その上で、物足りない点については、発問によって思考を促してください。あなた自身が考えや答えを持っていても、それを直接伝えるのではなく、若手部下の意見を聞きましょう。「ふと疑問に思ったんだけど○○についてはどうなんだろう」といった感じです。「次までに考えておいて。私も考えてみるので」といった進め方でOKです。

方向が逸れないように向きを整えたら、その後の具体策は若手部下にどんどん考えさせましょう。自ら考えることが「癖づき」、自律的な思考と行動を習得していきます。

全体最適への意識づけ

2次上長目線で考えることができるようになってくると、徐々に考える内容も変化していきます。俯瞰して考えれば考えるほど、自分の担当業務の個別最適の発想から、課、部、もっといえば会社全体を軸に発想していくことが当たり前のことになっていきます。その結果、「全体最適をベースに考え、どうしたらお客様によりよい商品サービスを提供できるか」を担当や部門の壁を越えて思考することができるようになっていきます。

大切なのは全体最適に向けて考えることができるようになるかどうかです。ここに到達することができなければ、「仕事が楽しくなってきました」の段階で止まってしまいます。本人が楽しいだけでは、「次のステップは大変そうだから、今のままのほうが楽しくてよさそうだな」という思考に留まってしまいます。

一方で全体最適の発想で考えることができると、1人ではその目的は達成できなくないことに気づいていきます。他部門や取引先様など様々な人と連携しながらでないと、若手部下も自身が考えたプランを実行できないことを感じ取ります。周囲への働きかけを通じ、ポジションによるパワーを持ち、自分の発言による働きかけの権威をあげていく必要性にも気づいていきます。目線を高め全体最適の発想でお客様への貢献を考えていく。こうした視点や発想を促していくことで若手部下の自発性を高めて行きます。

ひと皮むける経験をさせることを狙う

全体最適への意識が芽生えてきたならば、その意識が高まる経験を踏ませることができると効果的です。おそらくあなたのほうが若手部下に比べれば、他部門や取引先などとの連携をしながら仕事を進める機会も多いでしょうから連れて歩くだけでも効果があります。

また社内での新規ＰＪへ参画させるのもいいかもしれません。単独で業務を行うときに比べ、よりたくさんの人と関わる部門横断型の業務に参加させ、新たな体験をさせていくことも効果的です。様々な立場の人と接触することで世界感が広がり、より視点も豊かになっていきます。狙いを説明し理解させてから送り出し、効果を高めていきましょう。

組織からの期待と本人のキャリアプランを考える〜〇年後は〇〇を

経験を積み重ねていく中で、若手部下の自発的な行動を促進していくためには、さらに踏み込んだ育成をしていく必要があります。この先進んでいく道を、若手部下本人が「もやもや」と思っている希望を踏まえ、一緒に考えていきましょう。

かつて花形だったポジションがそうではなくなっている今の状況では、具体的なキャリアプランを描きにくいのが実態です。ロールモデルとなる先輩の姿も見えにくくなっています。こういった状況だからこそ、少しずつでよいので、「先々どんなことをしたいのか」、「どんな役割を担おうとするのか」を考えることをサポートし、本人の中でのイメージを具体化していくことを支援していきましょう。

具体化することができてくると、本人もこの先どのような知識や技術が必要になるのかを想像し、自ら成長のためのアクションを起こしやすくなります。

職域拡大やジョブローテーションなど次のステップを具体化する

将来進む道が見えてくると、その目標に向かって今何をすべきかを考え、自ら行動するシーンが増えてくるでしょう。若手部下本人が進んで努力していく中、あなたがどのように加速させていくサポートができるかを考えていきましょう。

現状のチームの状態の中でどのように仕事を深めていくか。担当業務を増やしていくか、はたまた現在の担当の中でより仕事を深めていくのか。職場の状況は様々あるかと思いますが、若手部下が徐々に仕事を覚え戦力化が進んでいくと、ついつい担当領域を広げ、よりたくさんの守備範囲を担ってもらいたいと思いがちです。守備範囲を広げることそのものが悪いわけではありませんが、注意したいのは深く取り組む領域が確保されているかどうかです。仕事のバランスを取り、標準的に進行していく範囲以外に、質を追求し深堀をしていく仕事を持つことができるかどうかで、成長スピードが変わってきます。

守備範囲を拡大しすぎて、「広く浅く」になってしまうと、忙殺の日々になりやすく、仕事の質がなかなか高まりません。あなたが若手部下と擦り合わせた、将来進みたい（進ませたい）方向に向け、ジャンルを見定め、特に深堀する取組みを、どこに置くのかをコントロールしていく必要があります。

上手く深堀し経験を積み重ねていくことができれば、得意領域の生成につながります。また重点項目は「ここまでやるんだ」と仕事の深まりを理解するため、その他の仕事の質も高まっていきます。仕事の分担・量を考える際に深堀するポイントの存在を確保することを前提に組み立てていくことが大切です。

また可能な範囲でジョブローテーションを意図的に行っていくことも望まれます。人事異動を伴うイメージが強いですが、「将来進みたい方向に向かってバランスよく経験を積んでいく」という意味ではチーム内の役割分担の中で、できることも多々あります。

ステップを踏んでいくにあたって、すべての仕事を自分で直接経験する必要はありません。それこそ、「愚者は経験に学び」の発想になってしまいます。一方で「様々なジャンルに触れておく」

ということは先々に向けて有利に働くことは事実です。自身ですべてこなすわけではなくても、大まかに性質が理解できていると、将来その道の専門家と討議しやすくなります。

相手の様子が全くわからないと、指示したり、依頼したりする際のインプットのツボを外しやすくなってしまいます。専門分野は狭く深く、そうでない分野は少しずつローテーションさせ、広く中くらいに理解することができるように分担を調整していきましょう。

人的ネットワークを拡大する

進みたい方向が見えてきたら人脈を拡大し、様々な人と連携した仕事をする準備を進めていきましょう。チャンスが巡ってきたときに力がしっかりと発揮できるよう、事前にネットワークを張り巡らせていくことが大切です。本人も理屈的にはわかっているでしょう。

人脈拡大に関する能力が高い、あるいは得意領域としている人は、この段階ですでに一定のネットワークを構築しているでしょう。一方で苦手領域としている場合は、あなたがきっかけづくりをサポートしていく必要があります。

①社内人脈の拡大

まずはあなたの人脈を活用し、ネットワーク拡大のきっかけをつくっていきます。最初は様々な場に一緒に回り顔を広げていくことからスタートでしょう。ですがオフィシャルな場で形式的な挨拶をしてもネットワークと言えるつながりを持てるかというと難しいのが実態です。

この壁を突破するには一緒に仕事をするのが一番でしょう。若手部下自身が「中心となって連携をするレベル」になる前に他部門と連携する業務にできるだけ多く参画させ「より密なネットワーク」を構築できるよう支援をしていきましょう。

②社外人脈の拡大

取引先関係、顧客関係など社外の様々な人脈の拡大を指しています。

取引先関係でいうと、まずは既存のネットワークとの関係性です。大きくは、こちら側が発注側になる関係性と、受注側になる関係性の2つに分類されます。この両方とバランスよく関係を持つことが重要です。事業の内容や、部門毎の役割分担によって偏りが出やすくなりますが、可能な限り両方のルートとの付き合いを経験させましょう。

どちらかに偏って経験を積み続けると、どうしても癖が出やすくなります。例えば受注側のみに経験が偏ってしまった場合、自身が発注側に回った際に、「つい遠慮してしまい、伝えるべき要望をはっきり言えない」というケースがあります。相手の下手（したて）にしか出たことがないため、毅然とモノが言えないのです。また反対に振れると、「お客様は我儘で当たり前」という解釈となり、発注時に必要以上に横柄な態度をとってしまうケースもあります。

外部の取引先は協力者として、相互にフラットな関係です。発注側がお客様であることは事実ですが、お互いに敬意を示し、能力を出し合い相乗効果が出せる関係をつくる必要があります。こういった関係性を創る力を早い段階から習得していくために、できるだけ若手部下に受注発注両方の

【図表45　緊急度重要度マトリクス】

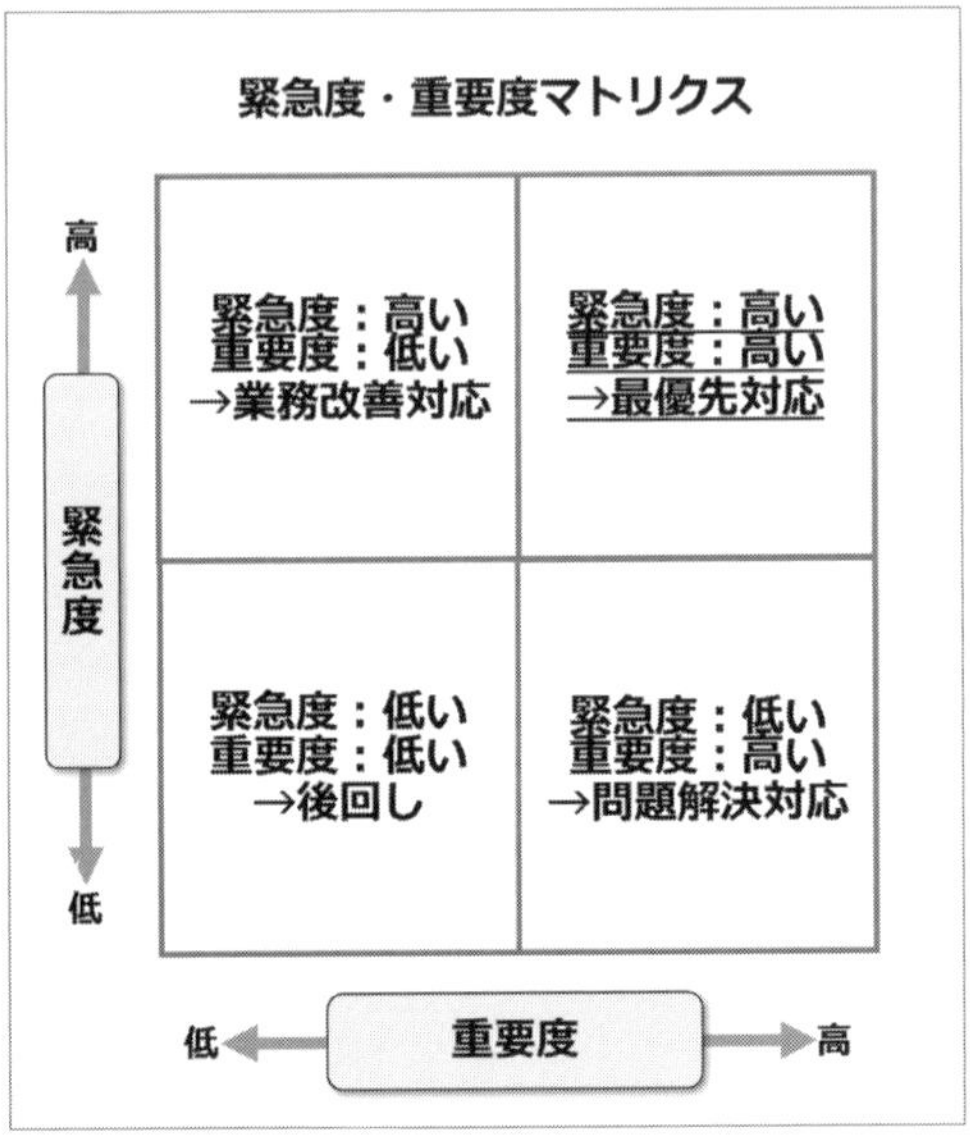

立場で、取引先との付き合いを経験させることが重要です。

また様々な取引先との付き合いを通じて、相手にも社風があることも吸収させていきましょう。特定の取引先とだけ付き合っていると、「外の企業とはこういうものだ」と感覚が偏って身についてしまいます。規模の大小、考え方の違い、職種や取り扱う商品サービスの違いなど様々な取引先と付き合うことで、個々との対応の幅を広げていくことができるようになっていきます。特に若い頃は、同じ取引先とだけ長く付き合うのは避けたいところです。

社外の取引先関係のもう1つは、新規取引先の開拓です。仕事の中で早い段階から新規取引先の開拓に目を向けていくことで時代に対するアンテナも高まります。今後進んでいきたい方向と関連づけたジャンルの展示会等に常に参加し、情報収集にあたることで、自分オリジナルの新しい関係性の構築につながります。また、世の中の技術開発の新たなトレンドにアンテナを磨くことにもつながり、結果的にそのジャンルの最新情報と人脈をセットで持っている人材になります。

徐々にその分野で「何か情報はないか、よい解決策はないか」といった相談が本人のところに行くようになります。尋ねられて役に立つことで本人のモチベーションも上がり、自発的な活動がさらに推進されていきます。ひいては本人が望むキャリアにもつながっていきます。

新たな情報収集にあたることの必要性をしっかりと伝えるのは、若手部下の自発性を高めて行くための「あなたの重要な役割」です。

仕事の優先順位を考える際に、よく「緊急度・重要度」のマトリクス（図表45）を活用します。1つの軸を緊急度の高低、もう1つの軸が重要度の高低となっています。緊急度が高く、重要度も高い仕事が、優先順が最も高いのは当然です。

次に優先されるのはどの領域でしょうか。ここでは解釈が分かれます。重要度を取るか、緊急度を取るか、「どちらを取るべきでしょうか？」と問いかけると「うーん」と悩む人が多いです。「実態はどうでしょうか？」と問いかけると緊急度が優先されているケースが多くなります。実際は締め切りに追われているものについて、優先して対応せざるをえないので、緊急度が高いものからこなしているのです。そこは全く否定しませんし、実際そうなるでしょう。

では先に挙げた若手部下に促す情報収集はどの領域にあたるでしょうか。ポイントはここです。重要度は高いのですが、緊急度が低い仕事であるため、その意味合いをわかっていないと後回しにしてしまうのです。

ここをしっかり理解させることが若手部下にとっても重要な分かれ道になります。放っておくとこんなことになるケースがあります。

定期的な進捗確認のミーティングの場面

上司　「ＯＫ！　ではそれでいきましょう」
　　　「ところで今期の計画に入ってた情報収集の展示会って今週だったよね？」
若手部下「はい、金曜日に行く予定を組んでいます」
上司　「金曜日か、最終日だね。何かあるといけないから先に行っておいたほうがいいよ」
若手部下「木曜は打合せを入れてしまいまして…。金曜は何もないので大丈夫です」
上司　「うーん。次から余裕もって組んだほうがいいな、じゃあ金曜日しっかりね」
若手部下「はい、大丈夫です。金曜日行ってきます」

次の週のミーティング

上司　「展示会どうだった？」
若手部下「それが…」
上司　「えっどうしたの？　行けなかったの？」

若手部下「はい。実は木曜の打合せで、急ぎで資料作成をしなければならなくなって…」

上司「えー…。（だから先に行けっていったのに…）」

「その仕事そんな緊急じゃないでしょ。○○さんは何でも急げとせかすんだよ」

「うちのチームを代表して情報収集にあたってもらってるのわかってたよね」

若手部下「次回は必ず行けるようにします。すいませんでした」

さて、シンプルに見ると、「緊急の要件があって忙しくて行けませんでした」という話で、「仕方ないなぁ。次はこんなことが起こらないように」という話ですが、実はそうではありません。

事前の理解が不足しているため、情報収集の重要性を本人がわかっていないのです。平素の緊急度が高く重要度が低い仕事が入ってしまい、そちらを優先してしまったのです。結果として、本人が情報収集し、そのジャンルで最新情報を握っているという状況をつくることができなくなりました。将来進みたい方向への「推進力が高まらなかった」という結果は、計画比でマイナスです。そこで得られた新情報によるインスピレーションを得られなかったという面では、予定していた成長が得られなかったマイナスも発生しています。

ヘマをしたわけではないので現状に対して表だった減点はありませんが、予定していた加点（成長）を得られなかったという意味では大きなマイナスです。こういったことを繰り返すことで成長が遅れ、上がるはずだったモチベーションが上がらないことは大きな損失です。

では巻き戻してやり直してみましょう。

上司　「ＯＫ！　ではそれでいきましょう」
「ところで今期の計画に入ってた情報収集の展示会って今週だったよね？」
若手部下「はい、金曜日に行く予定を組んでいます」
上司「この前キャリアプランについて話をしたときにあがった、○○の領域についての最新情報が得られるはずだから、しっかり情報を取ってくるようにね。よいなと思うものが合ったら名刺交換して、来週報告してください。内容に応じて先方とあってもっと詳しく話を聞いておくのも大切だからね。いざ使おうとしたときにどのくらいの時間とコストでいけるかも検証しておきたいし、担当者とつながっておくことでスピードアップにもつながるからね。それとチームの代表としても見てきてほしいブースがあるので、○○のブロックも確認してきてほしいんだ」
若手部下「わかりました。たくさん名刺を持っていきます」
上司「時に金曜は最終日だけど大丈夫？　木曜に行ったほうがいいんじゃないの？」
若手部下「そうなんですが、木曜は打合せが入ってしまってまして」
上司「そうか。では仕方ないか。でもイレギュラーがあったら、フォローも考えるから連絡するように。こういった最新の情報をしっかり握っていることが『その道』での第1人者という周囲の認識に繋がっていくからね。しっかり頼むよ」
若手部下「わかりました」

その後木曜の夕方に資料作成が入ってしまって…という連絡が若手部下から入りますが、資料は週明けでよいと指示をし、若手部下を金曜にしっかりと展示会に向かわせました。

情報収集という活動と、オリジナルの外部ネットワークを持つことによる具体的な成功体験をするまでの間は、これくらいしっかり伝えなくてはいけません。口では「わかった」といってもその真意を理解できるところまで引き上げていかなくてはいけない段階ではなおさらです。それまでの間は、本人の中で重要度が下がってしまわないよう、強く伝えていきましょう。

Ｏｆｆ−ＪＴへの参加を推進する

人脈を広げるという意味では社外のＯｆｆ−ＪＴへの参加も効果的です。ＯＪＴ（Ｏｎ　Ｔｈｅ　Ｊｏｂ　ｔｒａｉｎｉｎｇ）が職場内の実務を通じた教育なのに対し、こちらは職場外での教育を示しています。研修や講演を受けるタイプです。

規模の大きな会社であれば、普段合わないメンバーとの集合研修等もよいでしょう。普段の身の回りのメンバーから離れて、業界、職種、キャリア、専門分野などなど異なる分野の人から刺激を受けることも新たな視点の拡充につながります。

Ｏｆｆ−ＪＴであれば通常「テーマ」があり、理論等を学びますが、近年は講義を受けるタイプよりも、討議をしながら理論を習得していくタイプが増えています。その際、様々な人とのコミュニケーションを積極的にとることで視点を拡大していくことができます。

社外の同世代からの刺激を吸収させる

若手部下は「○○の研修に行ってこい」と言われただけではテーマについての習得までしか意識がいきません。送り出す際に、他の業界や職種の人がどんな考え方をしているのか、自分との視点の違いがどんなところにあるかを感じ取ってくるよう伝えておくことが重要です。

この裏テーマを事前に持たせて参加させることで、研修を受けた後の効能が全く違ってきます。部下の自律性を高めて行くために必要な助言です。

経験を理論で整理し磨き上げる

仕事の経験を積み上げることで様々なことを感じ、学び、吸収をしていきます。PDCAを繰り返す事でその精度を高め、実務力は向上していきます。こういった経験を蓄積した後で理論を学ぶと、蓄積してきた経験を自分の中で整理し、論理的に解釈ができるようになります。

よく「頭でっかち」になられると嫌だという声を聞きますが、実務力が上がってきた段階ではそんなことはありません。「本人が自責で物事を考え、学んだことをどう生かすか」という発想に至るまで育てた段階であれば、むしろどんどん学ばせるべきでしょう。

この手の理論否定発言があるのは、上長側もしっかり勉強していないと、相手の知識レベルが高まり、正論で意見されたときにうまく討議ができなくなることを「恐れている」のも原因の1つです。

「理屈はどうでもいいからとにかく手足を動かせ!」で通じていたものが、学ぶにつれて「それは○○だから、○○のほうがよいのではないでしょうか」といった反応になり、上長側が扱いにくいと感じているパターンです。経済が発展していた頃は、「いいからやれよ」と成功パターンの繰り返しで問題ありませんでした。この手のマネジメントスタイルでも成果がでてきたのです。

しかし、今はそうはいきません。若手部下にはいち早く成長してもらって、その力と新たな視点をチームで発揮してほしいのです。そのためにも、しっかり学ぶことは重要ですし、あなた自身もそれを上回る学びを継続していく必要があります。若手部下に論理で言い負かされることがないように、あなた自身も磨きあげていくことが不可欠です。

一方で、若手部下本人の成長が他責発想の段階では理論に走りすぎないほうがよいかもしれません。非論理的な現場の状況に相対したときに「これではいくら頑張ってもダメだな」と感じ、「会社が間違っているからダメなんだ」となりやすくなります。学んだことを自ら活用していこうと思考することができる前の段階では学ぶことが逆効果になってしまう可能性もあります。

自責で考えることができる段階までできていれば、「なるほど、今度はこうしてみよう」と発想することができます。まずはこの段階までしっかり引き上げることが重要で、そこまで来れば学ぶほどに実践方法の改善につながっていきます。

「愚者は経験に学び、賢者は歴史に学ぶ」をビジネスで実践しようとすると、歴史教科書位置づけになるのが各種理論です。これまでたくさんの人がしてきた成功例や失敗例の解決方法を教えてくれています。

ただし第6章でも触れたように、理論は一般化しているという意味では、自社の状況にジャストフィットするかは別問題ですので、アレンジすることが必須であることを忘れずに教えてあげましょう。必要に応じて、あなたの場合の解釈を添えることでより効果が高まります。

2　育成スタイルを切り替える

あなた自身のスタンスを変える

若手部下の成長に合わせて、あなた自身の接し方や、態度も変えていきましょう。初期は指示的行動が強いこともあり、きめ細かく話をしていました。この段階まで進んだら、機会を見て次の段階に進めていくことをしっかりと宣言し、あなた自身の見せ方も変えていきましょう。

あなたが、次の段階で若手部下に取ってほしいと思う行動を意図して見せていくことで、本人のロールモデルとなっていくのです。

自身の発言も目的を強調する

日頃から目標ではなく、目的にウェイトを置いてコミュニケーションを取っていきましょう。予算等の目標達成は重要ですが、あくまで目的を達するための目標です。若手部下に個別の業務都合ではなく全体最適を意識しさせ、自発的な行動を促していくためには、常日頃からの思考を転換していく必要があります。

「予算を達成してよかった」ではなく、「お客様に○○と思ってもらいたいというアプローチが通じた結果として予算が達成できた」という流れで会話しましょう。「お客様に○○と思われたい」と認識されたいから、「プロセスは○○を選択する」。その結果として、「目標を達成できた」という流れをチームに浸透させていくことで、思考の根拠が安定し、迷ったときの判断軸となります。

あなたと若手部下が上手く連携していくためには、物事を考える際の共通の判断軸を持つことが重要となります。この判断軸が曖昧である、あるいは芯がない状態になると、相互に考え方がずれてしまい、若手部下が自分の判断に自信を持つことができません。平素から目的を起点にすることでコンビネーションをさらに深めていきましょう。

自身も高い「志」を掲げ、範を示す

キャリアプランなどを含め、徐々に若手部下にも高い要求をしつつありますので、模範を示すという意味でもあなた自身も目的達成、あるいは自己実現にむけた高い「志」を示していきましょう。

少々照れ臭いかもしれませんが、「志」を持って働いていることを、言葉にして伝えることで、若手部下自身も「自分はどうなんだろう」と考えるようになっていきます。「自分にとって『やりがい』は何なのか」、これを言葉にできると自分の中での納得感が高まります。若手部下にもその意識を持たせることにつながっていきます。

コラム：有給休暇の取得義務

働き方改革の動きに伴って、こちらも大企業は2019年から、中小企業は2020年からとなる、有給休暇の取得義務についてです（図表46）。

私が企業で勤めていた頃は、有給休暇どころか規定の休みの取得だけで精一杯でしたが、状況は大きく変わっています。

「年間5日の有給取得が義務づけられた」ということは、まず有給よりも取得優先順位の高い休みは完全に消化している必要があります。その上で5日消化するということです。かつての感覚では非常に厳しいハードルのような気がしますが、今後の若手からするとこれもスタンダードになるわけです。

知識としては知っていたとしても、あなたの当たり前の線引きはどこにあるでしょうか？曖昧になってしまっている場合は、これを機会に引き直しましょう。

【図表46　有給休暇の取得】

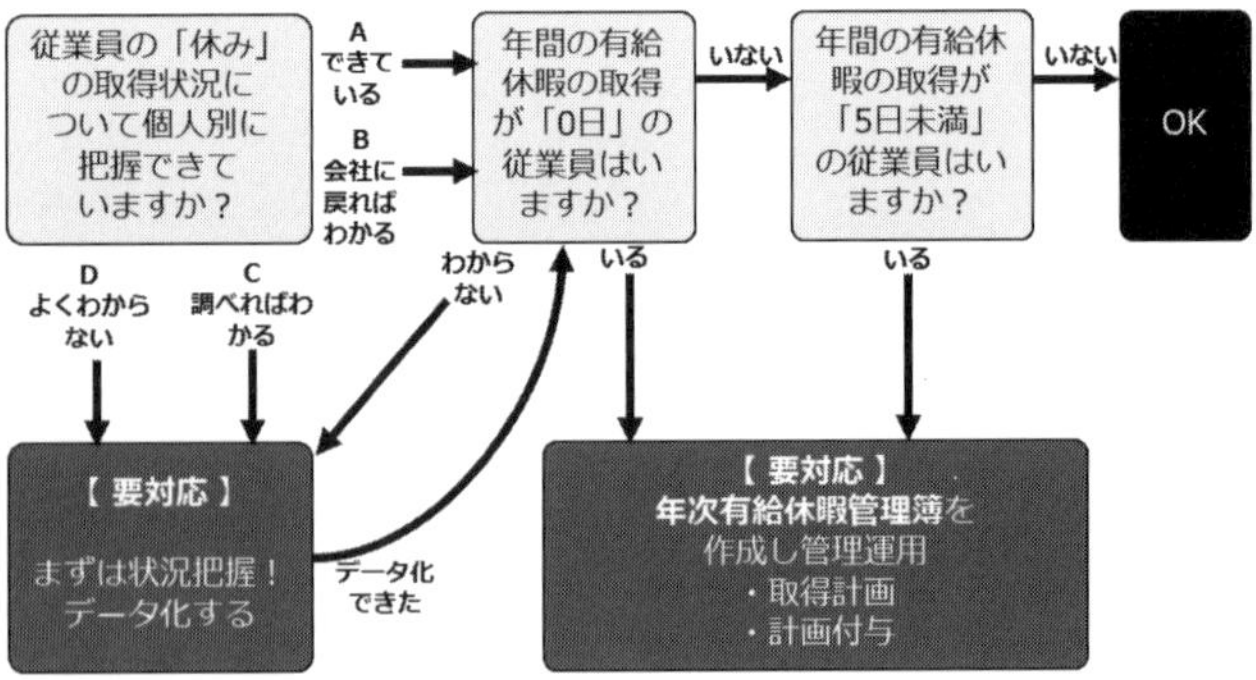

第8章　若手部下をチームリーダーへ育てる

1　部下に伴走する

チームを率いる経験を積ませる

前章では若手部下を自発的に行動させていくことがテーマでした。

次のステップはいよいよチームリーダーへの育成です。向き不向きも実際にあるかもしれませんが、順調に育成が進んでいったならば、チームを率いる経験は、是非とも積んでほしい領域です。チームを率いる経験をすると、率いられる立場のときの動きも変わってきます。

また、将来興味のある分野の専門職に就きたいとしても、1人で仕事をするわけではありません。将来的には専門職種のチームを率いることもあるでしょう。早い段階でチームを率いる経験をしておくことは、若手部下の成長・キャリア形成の助けにもなります。

①第4ステップ「やってみたい」へ導く

SL理論では「S―3　援助型」、「S―4　委任型」の段階に入ってきます。援助的行動中心から、徐々にその支援度を弱め、権限委譲を進めていきます。

「進捗管理を行い、責任をとるのはあなた」という位置づけは変わりませんが、相手の成長に合わせ計画立案の主軸を若手部下に移し、挑戦を後押しするスタイルに軸足を移していきます。

・部下の思考を「自分ができる」から「チームができる」へ切り替える

ここまで「やりがい」や「自己実現」に向けて、行動をしてきた若手部下に、目的に向けた目標達成を、メンバーを巻き込んでチームで達成するよう働きかけていきます。

ここまでの取組みで、あなたのチーム全体の「共通の目的」の刷り合わせができていれば、大きく同じ方向を向くことができているはずです。個人として感じているやりがいや、自己実現の姿は異なるかもしれません。しかし、「お客様にどのように感じてもらいたいのか」といった「追求する顧客満足」や、「迷ったときの判断軸」になる言葉は共有できているはずです。

相互に共有できていることを今度は他のチームメンバーにも浸透させることで、ここまで育成してきた「若手部下本人ができる（個人戦）」から、「ともに活動するメンバーと力を合わせた団体戦」への移行を促していきます。より大きな成果を出すために必要な活動であることを説明し、あなた自身の右腕として、「チームで共通の目的に向かって成果をだす」ことに取り組んでほしいと伝えていきます。

・期待、役割と自己実現のリンクを図る

大切なのはチームを率いてほしいという期待と、本人の自己実現をどうつなげて伝えるかでしょう。ここまで若手部下自身も自分の「やりがい」について考えてきています。進みたい方向に向かって努力も重ねてきているでしょう。蓄積してきた経験と、チームを率いていくことが、今後のキャリアプランとどうつながっていくのかを説明していきましょう。

ともに戦うメンバーのよさを引き出しながら、役割分担をして取組みを進めていくことで、自分1人で活動するより高い成果を出すことが可能です。そのことを、あなた自身が若手部下の活躍によって体感していることを教えてあげてください。最初から仕事ができる人はそうそういません。少しずつ成長し、実務上の戦力になっていくものですが、若手部下もあなたのチームに新たな視点を注入してくれているはずです。その活動をさらに力強く推進していくためにも、あなたの右腕として活躍してほしいということを伝えていきます。

・言ってはいけないNGワード―そろそろやってくれないと困るんだけど…

こういった説明をするときに、相手がすぐに呑み込めるケースとそうでないケースがあります。注意したいのは焦って無理強いしないことです。ここまで懇切丁寧に育成してきたあなたにとって、ここで最近の若手らしく、「リーダーとかそういうのはちょっと」とか、「自信がありません」といった返事をされると少々イラついてしまうかもしれません。そんなときでも「そろそろやってくれないと困るんだ」といった無理やり強要する言葉を出すのはぐっと堪えましょう。

若手部下にも考える時間は必要です。よい反応をしなそうな場合、なんとなくそんな予感もしているはずです。役割を受け入れるのに時間がかかりそうなときは、「そういう役割をそろそろ頼みたいと思っている」で止めて、心の準備期間をつくりましょう。こういった役割を期待されることを若手部下がまだ想定していなかった場合は即答できません。もともとやりたくないと思っている場合も同様です。であれば、前振りから入り、徐々に実質的な準備を進行させていき、本人の不安を打ち消すことから進めていきましょう。

②メンバーへの自身の見せ方を変えていく

前章では、若手部下をプロ化させ「自発的な行動」を促すために、「あなた自身の見せ方を変えていこう」という論点でしたが、今度は若手部下をチームリーダーに育てていくことを論点としていきます。

・普段から自分自身の俯瞰力を見せていく

エースプレイヤーとチームリーダーの違いについて（言葉の捉え方は様々あるかと思いますが）、ここでは話をわかりやすくシンプルにするため、両者の違いを次のように定義し、進めていきます。

○エースプレイヤー
専門能力を発揮し、自身が高いパフォーマンスを発揮することでチームの成果を引っ張る人

○チームリーダー
自身を含め周囲のメンバーと連携し、組織の能力を引き出すことでチームの成果を高める人
自身の突出した成果でメンバーの模範となる、エースプレイヤーは、「あいつが普段どんなことをしてるか観察してマネしてみてごらん」といった対象です。プロ化の推進段階では非常によい模範です。

一方、チームリーダーはこの次のステップの模範の姿です。メンバーの業務能力だけでなく、そ

れぞれが持つ趣味、性格、やりがいを感じる働き方、生活背景（時間や場所の制約など）といった1人ひとりの特徴や働く背景を緩やかにグリップし、得意分野を発揮し、苦手なところを補完しあえる役割分担やコンビネーションを構築し、メンバーを育成しながらチームの成果を出していくタイプです。プロ化し、自発的に動けるようになってきた若手部下に求める次なるステップです。

「『エースプレイヤースタイル』を追求するほうが楽しいんだ」というメンバーのほうが多い時代であるからこそ、あえて有望な若手部下には「チームリーダースタイル」にチャレンジしていってほしいのです。

そのために、重要となるのが、あなた自身が若手部下に見せていく俯瞰力です。目の前の「やりがい」だけを追いかけていると、エースプレイヤー型で充分楽しく、余計な負担を背負わないほうがよいという発想になりがちです。しかし、物事を高い視点で捉え、目的思考で考えるからこそ、団体戦でチームの成果を追求していくことが重要だと感じることができるようになるのです。

③実践するための工程を若手部下に意図的にみせる

一方で、重要だと感じることができたとしても、実践するためには本人が他メンバーへの働きかけを通じて、仕事を実践する体制を構築していくことが重要です。一方で、高度な仕事、あるいは新しい仕事になるほど、「やってみなければわからない」という要素が多くなり、メンバーに働きかけて仕事をする難易度が高まります。こうしたタイプの仕事の場合、権限委譲をしていく難易度も合わせて高くなります。

しかし、こういった特性を持つ業務であればあるほど、共通項を見つけだし、大まかでもよいので「構造を見える化」していくことが重要です。これができないと議論ができるようにならないため、メンバーと役割を分担して団体戦を展開していくことはできません。新しい仕事や、不安定な仕事を構造化し、ノウハウを形に落とし込む工程を、あなたが若手部下と時間をともにすることで、「なるほど、こうやって形にしていくのか」と理解させ、「自分でもできそうだな」という実感を持たせることができます。

自分でやったほうが早そうなことを、何故わざわざ見える化し、団体戦に持っていくのか。それを前段の俯瞰力で示すのです。「自分1人ではやりきれない大きな目的に向かっているからこそ、こんな面倒なことをわざわざやる」、「大きな目的を達成しようとするからこそ、チームでやれる形をつくっていくんだ」と両者をつなげて伝えていきましょう。

・鳥の目、虫の目、魚の目

さて、話は少し戻って俯瞰力についてです。「俯瞰」とは端的に言うと、「高いところから見下ろすこと」を指しています。「鳥の目・虫の目・魚の目」といった表現がありますが、その中の「鳥の目」のことを指しています。天高くから自身の職場だけでなく、「その周辺を大きく捉え、全体の関係性を含めて見ていこう」と考えればＯＫです。虫の目は物事をきめ細かく見る目です。業務改善や問題解決に取り組む際に物事を掘り下げるときに使います。魚の目は水の流れを外部環境の流れと捉え、状況の変化を読みとる（感じ取る）目を指します。情報収集を繰り返し、近未来の推測力を高める視点です（図表47）。

話は俯瞰力である「鳥の目」に戻ります。俯瞰する際、どの高さから見るかを使い分けるのがポイントとなります。上から見たとしても、その高さが十分でなければ、必要な周辺関係を見えることができません。例えばマンションの2階の窓から外を見ても、少し遠くまで見える程度に過ぎず、周り（周辺地域）との関係を把握することはできません。飛行機で雲の上に出た後、窓の外を覗くと景色はいいですが、下にどのようなものがあるかはよくわかりませんし、日本列島全体の形が見えるかというと、そこまではわかりません。「何を見たいか」にあった適切な高さから俯瞰する必要があります。どこに焦点を当てて、客観視することが必要なのかを考えながら、効能がある高さをいくつか用意し、定点観測していくことが重要です。

若手部下にチームリーダーとしての視点を養わせるためには、2次上長目線と担当領域目線の2つくらい用意をしておくといいでしょう。何度か論じていますが、現実的に想像可能で、かつ俯瞰力を高めるという意味では2つ上の上司くらいがよいさじ加減です。若手部下本人が想像可能で、かつあなたとの会話の噛み合わせを含めよいマッチングとなります。3次上長になってくると、やや話が戦略的な領域に偏り、実際の業務との距離感が開いてしまいます。

担当領域目線は最新の技術情報など、アンテナを立て続けておきたい領域のことを指しています。本人が進みたい道にもつながりますので、常にブラッシュアップさせていくべき視点です。

【図表47　鳥の目、虫の目、魚の目】

これもミクロ（個別具体的なもの・知識、技術など）とマクロ（全体を俯瞰したもの）を捉える必要があり、虫の目と鳥の目を合わせて持つと効果的です。

・チーム運営の右腕として頼りにする

実際にチームを持たせる前に、あなたの右腕として起用し、常にチームを動かす視点で情報共有をしていくことが、若手部下がチームを持ったときのトレーニングにつながっていきます。

常に「自分がリーダーだったらどうするか」という視点で投げかけを行い、俯瞰した視点で思考することを繰り返し求めていきましょう。この訓練を積むことで、自信がつき抵抗感も薄れていきます。

2　若手部下がリーダーになる準備を支援する

①チームを持つ準備を促す

次は実際にリーダー役を担ってもらう段階です。ここまでの取組みで徐々に心の準備は進んでいるはずです。本人が前向きになるところを見計らって、実際に「○○からリーダー役を担ってもらいます」ということを明言し、具体的な準備に入っていきます。

実際にリーダー役を担う日が来たならば、そのチームに所属するメンバーはリーダー見習いという目線では見てくれません。初期段階から順調に信頼関係を築いていくためには、第1印象が大切になります。そのため役割を担う際に必ず必要になる項目について事前に言葉を用意しておく必要があります。

まずは、チームとしての共通目的や、目標設定など、チームの基本となる方向性についてです。実際にその立場で仕事を始める前に、言葉をつくり込むことで、若手部下はスタートの段階から方向性を示すことができ、メンバーは「なるほど、そういう方向ね」と理解することができます。

理解してもらうことだけが目的なら、後からゆっくり考えてもよいかもしれません。

一方で「これから考えます」では、「今度のリーダーはどんな考えなんだろうか」と期待半分で様子見をしているメンバーからは、「なんだ、これから考えるのか。やっぱり新任だな。やれやれ」という落胆を招くことになり、後から説明をするときには「思いつきだ」ととられ説得力をもたせることができなくなります。

こうなるとマイナスからのスタートとなってしまい、信頼を勝ち取るための余計な労力と、時間を必要としてしまいます。下手をするとその間に、あなたが時間をかけて育て上げた若手部下の心は折れてしまうかもしれません。

そうならないよう、役割を担うと同時に必要となる項目（所属メンバーがリーダーに求める項目）について、若手部下が自分の言葉で所信表明ができるよう、事前に具体的な準備をする支援をしていきましょう。プレゼンテーションの練習を実践し、伝え方までトレーニングをすることができればさらに効果的です。

②みすみす失敗させないための助言

さて実際にリーダーとしてチーム運営にあたると様々な葛藤にさいなまされ、壁にぶつかります。あなた自身もたくさんの経験をしてきたことでしょう。リーダーポジションのスタートをスムーズに進め、順調な離陸ができるよう、あなたの経験を整理して伝えていきましょう。

・チームメンバーに自分レベルの仕事を要求しない

さて、リーダーとして初めてその任にあたる際、ありがちなのは、リーダーとしての責務を果たし、少しでも早く成果を出そうと焦り、メンバーに自分と同じレベルの活躍を求めてしまうことでしょう。若手部下自身がこれまで精進を重ね、力をつける過程の中で、チームメンバーの中でも高い力を習得してたからこそ、あなたもリーダーを担ってもらおうと考えたはずです。ですが本人にしてみれば、周りがどのレベルにあるかまで把握できていません。

「協力者」「負けないよう努力する同僚」、あるいは「ライバル」として意識をすることはあったかもしれません。しかし今度は同じ目的を目指すチームメンバーです。これまでは若手部下から見ると、「自分のほうが勝っている」と感じていればよかったかもしれませんが、同じ目的の達成を目指す仲間として見ると、途端に「何故こんなことができないのだろう」、「自分ならここまでやるのに。どうして」という見え方になりがちです。これまでと利害関係が変わったことで見え方が変わるのです。

しかし、メンバーに同じレベルを求める必要はありません。そもそも、あなたもメンバーにそこまで期待はしていないでしょう。育成がうまくいっているからこそ、その若手部下を抜擢しているのですから、所属メンバーがそれと同等にできません。そこを勘違いしないよう一言添え、特に最初に役割分担をする際に助言をしていきましょう。

・メンバーのよいところ探しワークを一緒にやる

さて平素の仕事をプレイヤーとして一緒に取り組んできた状況では、なかなか目がいかないのが、メンバーの特徴把握の中でも、細かな長所の把握です。欠点は見えやすいので、それなりにわかっています。失敗の流れ弾を受けて迷惑を被ったり、チームとして事後処理や再発防止策に取り組んだりというアプローチをする中で、「ああ、あいつこんなミスするのか」といったことが見えています。長所についても目立つところは見えているのですが、若手部下自身がチームリーダーになるために必要な、「メンバーのよいところ」は、目立つところばかりではありません。

チームに属するメンバー同士の、「相乗効果がある組合せ」を考えるための情報をグリップする必要があります。「人の組合せ方で、成果を高めることを狙った役割分担」を考えるための材料として、メンバー個々がどのような要素を持っているかを捉えていくことが重要となるのです。

近年「ダイバーシティ」という言葉が日本でもだいぶ浸透してきました。「多様性の受容」と解釈されているケースが多いでしょう。「年齢、性別、国籍、働く生活背景など相互の様々な違いを受容しよう」、「育児や介護など時間や場所の制約をもつメンバーに対しても、同じ職場で一緒に協力して働こう」といった感じでしょうか。

海外ではもう一歩踏み込んで、ダイバーシティ&インクルージョンと捉えられています。「多様性の受容」にとどめず、異なる力を持った者同士が互いを活かしあい「相乗効果」を出していこうというアプローチです。

「メンバーのよいところ探し」で狙っているポイントはここにあります。メンバーそれぞれが持っている仕事に対する経験や、個々の得手不得手はもちろん、直接仕事に関係ない様々な要素に着目します。その上で、誰と誰を組合せると、相乗効果が生まれるかを検討し、意図して組合せていこうというものです。何も考えていないと「○○さんと仕事の進め方が合いません」とか、「○○さんがおかしいので注意してください」といった負の影響の発生可能性が高まります。

狙ってよい組合せをつくりことができていれば、プラスのエネルギーとなっていきます。個々のメンバーに組合せの主旨を伝えておくとより効果的です。チーム運営の序盤でつまずかないように、若手部下のメンバー研究を進める支援をしていきましょう。

・「よいところ」は実務面だけではない─仕事以外のよいところも探す

「よいところ探し」というと、ついつい実務面に着目しがちです。「○○さんは分析力がある」とか「判断力がある」、「企画力がある」といった仕事の能力面が代表例です。職種や業務の種類によって、様々なものがあるでしょう。スキルマップ（必要な技術の習得一覧表）等で把握をしていく項目です。最初のアプローチとしてはこれでOKですが、ポイントはここで止めないことです。

次の段階で、メンバーの組合せに「顧客目線」をバランスよく配備することを狙い、扱う商品サービスに対し、「最終ユーザーに近い目線」を持ったメンバーを探しておきます。

わかりやすい例でいえば、子育て目線といった実際に経験を積むことで理解が深まるタイプの商品サービスを扱っている場合は、その経験者をチームに加えるといった感じです。私自身、子供関連の商材に長く関わってきましたが、実際に育児を体験すると見え方が大きく変わりました。お客様のニーズに沿った発想をするために、実際に使っている「顧客の目線」を意図してチームに加えていくことを狙います。

さらに次の段階では趣味や興味関心などを押さえていきます。リアルな例を出すと、仕事を頑張りすぎていて「遊ぶ時間が取れていないメンバー」と、「トレンドをしっかりおさえているメンバー」を組合せることで相互に補完しあう組合せも有効になってきます。

ランチ時の雑談といった平素からのコミュニケーションを通じて情報収集し、誰がどんなことに興味を持っているかを探っておくとよいでしょう。実際にリーダーになった後は評価面談等も担当することになるかもしれませんが、準備段階から、「かしこまった場以外」でしっかり情報収集する習慣をつけておくと、蓄積レベルも高まり、内容も表層部分でとどまらず、広く深く充実していきます。

また詮索と捉えられない程度に、平素の家族環境なども知っておくと個々の力の源泉が見えてくることもあります。意外に影響を及ぼすのがプライベートで接している人脈だったりします。例えば甥っ子、姪っ子などに接点があったり、学校や部活の後輩と接点が維持されていたりと、若手と言いながらも、さらにその下の世代と接点を持っているメンバーが、特段努力してなくても世の中の変化を感覚値として捉えているケースがあります。

接点がなければわざわざ調べなくてはならず、分析目線であるため、深層心理を捉える難易度が高くなりますが、接点があるメンバーからすると、あっさり「それば○○だからですよ。なんでって？　実際使うとわかりますよ」。こんなレベルで解決してきます。

これまではただのランチのお喋りで、自分が興味のないジャンルは「ふーん」で終わっていたかもしれませんが、把握するという目的を持つと、お宝満載な時間に変わります。こういった時間を有効に使って準備を進めていくと、いざというときに困りません。ただし、頑張りすぎて雰囲気が「取り調べ」にならないように忠告することも忘れずに。

・メンバーはライバルではなく、同じ目的を推進する仲間

チームづくりについて考え始める際に、思考をリセットすべきなのがこちらです。リーダーのポジションにつく前の段階では、先輩、同僚、後輩は仲間でもありつつ、競い合うライバルでもあります。若手部下の意識として競争心が希薄な世代ではありますが、比較される対象であることは間違いありません。この意識を切り替えることができないと、「チーム内に抱えるメンバーが成果を上げることで、立場が逆転してしまうのでは」と考えてしまう恐れがあります。

その結果、リーダー・メンバー間の力が同じ目的に向かって上手く働かなくなってしまうケース

があります。しかし、チームリーダーになった段階で、求められていることはチームの成果です。個人として仕事ができるかどうかではありません。しかし、そのスイッチを自力で切り替えるのはなかなか難しいことです。リーダーポジションについている先輩たちがチームの成果を優先にして動いていれば、本人もそのつもりで動くことができるでしょう。しかし事情は様々ですが、実態は、そうなっていないケースも多いため、あらためて伝える必要があるのです。

バブル崩壊以降、社会全体の状況が変化し、「非正規化が進んだり、人員が削減されたり」といった影響を受け、手数が不足し、特に初級管理職レベルがプレイングマネージャーであることが多くなっています。ひょっとしたら若手部下を育成しようとしている側の「あなた自身」もそうかもしれません。メンバーの育成プランも踏まえて役割分担をした後、「手が不足する部分は自分でやる」というケースは多々あります。

一方でその工程が見えていないと、自分もプレイヤーとして活躍することが前提条件であるように見えています。そのため自分がエースプレイヤーとして働いて、努力して余力をつくり、マネジメントにあたると捉えている若手も散見されます。その結果、メンバーと自分をプレイヤーとして同列で見てしまい、メンバーの評価が高まると、抜かれてしまうのではないかと危機感を覚えてしまうのです。

そのため、あなたからはっきりと伝え、スイッチを切り替えてあげる必要があります。

「メンバーを上手く活躍させて、チーム全体の成果が高まることを期待しているよ。だから、自分が手を出さないでいいような分担を考えることが大切だ。逆に言えばメンバーが活躍できていない状態で、自ら成果を上げることは期待していない。リーダーにはそんなことは求めていないからね。メンバーに働きかけることで、人を通じて成果を出すのがリーダーの役割だからね。しっかりと頭を切り替えていこう」。

このくらいはっきり言ってあげたほうが思考が切り替わります。これまでのエースプレイヤーとしての意識を引きずって、メンバーにライバル意識を持っていると、相互に不幸になりますので、しっかりと伝えていきましょう。

③チーム運営を実践させる具体的な準備

ここまで来たら、具体的なチームづくりの構想に入りましょう。項目を1つひとつ具体的にまとめていきます。

- チームの目的、目標を自分の言葉で明文化する
- メンバーの業務能力特性を整理する—スキルマップ等を上手くつかうと効果的。
- メンバーが持つ業務から離れた知識、技術、ライフスタイル、人間関係等の把握。
- メンバーの組合せを想定する—チームで最大の成果を上げることを意識する。

情報の整理ができたなら実際に組合せを考えていきます。いくつか組合せのパターンを紹介しておきましょう。

・得意ジャンルを活かし合う組合せ—企画型業務や提案型業務に有効

アイデアを出し合い、企画立案などを行う業務では、「得意なジャンルが異なるメンバー同士」を組合せると、新たな創造につながりやすい傾向があります。組合せのポイントは、「異なる分野」が関連性のある「お隣さん」であることです。全く関連性のない離れ離れなジャンルの場合は接点が見出せず、相乗効果が出にくいので注意しましょう。

コンビネーションが高まるまでの初期段階では、リーダーが一緒に入ってブレーンストーミング（アイデアの自由発想法）などを一緒にやってあげることでメンバー同士も動き方のコツをつかんでいきます。新たにリーダーとなる若手部下にそっと、「いつものあれを少し一緒にやってやれ」と助言をしてあげましょう。

・苦手なポイントを補完し合える組合せ—正確性が重要な業務や、繰り返し型業務

「より正確に、より早く、より楽に」などが生産性向上のポイントとなる業務では、業務上の得意分野を活かし合い、苦手分野を打ち消しあう関係をつくることがポイントです。

例えば、業務改善や問題解決は得意であるが、早く正確に同じことを繰り返すのが苦手なタイプと、その逆のタイプでコンビを組ませることで、相乗効果を図ろうという組合せです。特にコンビの初期段階では得意ジャンルを活かし合うことで成果を出しやすくなります。

ただし、互いに得意なことしかしない完全分業にしてはいけません。チームの発展のためには徐々に互いの力を吸収し合っていくことが重要です。どちらかが休んでも仕事がしっかりと回るように、

互いに入れ替われる工夫をするように進行させていきましょう。

・インクルージョン（メンバーの相乗効果が出ている状態）を意図してつくる意識

どのような意図で組合せをつくるにしても、「とりあえずやってみて、それから考えよう」ではなく、「○○という効果を期待する」と仮説を立て役割分担を考えていくことが重要です。

所属するメンバーは「今度のリーダーはどんなことを考えているのかな」とか「自分のことをどう思っているのだろうか」と気にしています。

初期段階でチーム全体の方針を示すとともに、それぞれのメンバーに対し期待と役割をしっかり伝えることが重要です。

これまで準備をしっかりと進めてきているはずですので、「全体」＋「個々」に対し、しっかりとメッセージを発するようにあらためて助言していきましょう。

「自分だって上長が代わったら、どんな方針かな、どう思われてるかなって気になるでしょ。みんなそうだから、両方ともしっかり伝えていこうね。照れ隠しはだめだよ。そのために準備してきたんだからさ」。

こんな言葉をかけて、アクションが漏れないように支援をしていきましょう。チームメンバーとの関係性をスムーズにスタートさせることができれば、その後、「若手部下本人」も「個々のチームメンバー」も「チーム全体」も、まっすぐ進みやすくなります。

伝え漏れの発生により、意思が伝わらず、初期トラブルをおこすと、本人もチームも余計な苦労を背負うことになってしまいますので、丁寧に助言していきましょう。

④バックアップ体制を構築する

ここまできたら、ついに実践段階に入っていきます。若手部下が安心し、かつ思い切ってリーダーとして活躍できるよう、バックアップ体制を整備しておきましょう。

・権限委譲と責任の所在の明確化

チームの中で新たなリーダーが活躍をスタートさせる段階まで到達したら、チームにおけるあなたと、若手リーダーとの間の立ち位置を整理しておきましょう。ＳＬ理論でいう4段階目まで、徐々にギアを上げていきます。

計画の合意、進捗管理等の進め方を決め、最終責任についてはあなたがしっかりと担うことを伝えましょう。慣れてくるにつれ、関与度も下がっていきますが、組織で働いている以上、好き勝手にやっていいということではなく、報連相はマストです。あなたを含め、上位の役職に上がれば上がるほど、適切な報告の重要度は増していきます。現場層は上長に報告していますが、経営層も株主や公共に対し業績や社会的責任（ＣＳＲ）について報告をしています。

社長だって好き勝手やっているわけではないのです。

それぞれが役割に応じて責任を負っています。あなたが挑戦させたとしても、プレイヤー責任、リーダー責任、監督者責任、経営責任とすべては連鎖していきます。あなた自身の責任範囲、若手リーダーに持たせる範囲など、共通理解を促して、あなたも、若手部下もしっかりと報告できるよう仕組みづくりをしていきましょう。

・組織内連携に向けた縦横の人間関係の開拓支援

もう1つは人脈の拡大支援です。若手リーダーが積極的に業務を推進していくと、関連部署や、取引先、クライアントなど行動範囲はどんどん広がっていきます。

広げようとしてから、開拓するのではなくあらかじめ人脈形成をしておくことで、業務の推進速度が加速しますし、チームのメンバーからも頼りになるリーダーに映るでしょう。

エースプレイヤー段階より、さらに深い関係が必要になります。そのためにもあなたの人脈とこれまで以上に積極的につなげていきましょう。

「今度リーダー役をやらせる若手のホープ」として関連部署等に紹介していくことで、しっかりと認識してもらうことができるはずです。

3　チームリーダーとしてデビューさせる

①所属するメンバー全員にしっかりと説明をする

ついにリーダーとしてデビューさせるタイミングです。これまで準備してきたことをしっかりと活用し、抜け漏れなく実践できるよう支援していきましょう。

あなたがすべきことは、「リーダーとしての役割を担ってもらうことにしたこと」をメンバーに告げることです。新たなチームに期待するミッションや、若手リーダーに期待する働き方（自分でやるではなく、メンバーに働きかけることで、チームで成果を出していくスタイル）など、これまで準備してきた内容に沿って説明をしていきます。

あなたが話すべきことは「あなたのマネジメントする組織全体における新たなチームの位置づけや役割」についてです。その上で若手リーダーに、事前に言葉づくりをした「チームの目的、目標」を発言してもらいます。あなたがいる席で本人にプレゼンさせることで、その内容は組織として認められた位置づけになります。若手リーダーが上長と信頼関係を持ち、上手く関係づくりができている姿を見せることにもつながり、チームの所属メンバーと若手リーダーの信頼関係を強化することも狙いの1つです。

新たなチームに属するメンバーにも、あなたの口からチーム全体への期待を明確に伝えていきましょう。人には「期待効果」というものがあります。「期待されるとそれに応えようと自然と頑張る」という習性がありますので、うまく活用していきましょう。

あなたからは若手リーダーと力を合わせて一丸となって取組みを進めるよう、メンバーに期待の言葉をかけていきましょう。メンバー1人ひとりの具体的な役割は、詰めてきた内容を若手リーダーから説明してもらえばOKです。あなたは全体に対する位置づけを、若手リーダーからは新たなチームで取り組む具体的な内容を、しっかり役割分担をして伝えていきましょう。

さて、手塩にかけて、丁寧に育ててきた若手部下がついにリーダーとしてデビューを果たしました。この後、さらに育成が進むと、最終的には支援対象から独立していくでしょう。そこに向け、様子を見ながら徐々にスタンスを変えていきましょう。

②自身の立居振舞にも注意を払う

・つくった進捗管理の仕組みを通じて、間接管理─安易に具体的な指示を出さない

まずは進捗管理です。計画策定の段階では戦略レベル、戦術レベルともに内容をしっかりと詰めていきましょう。計画立案の主体者を若手リーダーに移管し、素案を本人につくらせて議論をしていくことで立案力は高まっていきます。

一方で、実践段階に入った後の進捗管理では、相手の思考を活性化することに重点を置き、具体策の提示については、できるかぎり我慢して本人に考えさせましょう。知識も経験も上の立場からすると、「自分だったらこうするな」という考えは常に持っているでしょう。実際にミーティングをしているとついつい口を出したくなってしまうものです。

しかし、そこはグッと堪えて、若手リーダーに考えさせましょう。具体策を提示することができるあなただからこそ、不足している視点を持たせる投げかけができるのです。答えを言ってしまったほうが簡単ですが、育成という観点を踏まえ、リーダーとして高い視点で物事を捉え、発想する力をつけせるため、意図的に問いかけをしていってください。若手リーダーがすぐに答えを出せなくても構いません。

「何故？　何故？　何故？」と問いかけを繰り返すと、相手の思考の底に辿りつきます。現段階でもっとも掘り下げた思考階層です。あなたに具体策があるということは、若手部下よりもあなたのほうが深い思考ができているということでしょう。その深さまで相手を連れていくことが重要です。この繰り返しで、徐々に視点が増え、視野が広がり、思考が深まっていきます。方法論や具体策という施策カードを与えるのではなく、カードそのものをつくりだす力を養っていきます。

・部下の手柄はしっかりと部内でＰＲ──より前向きな取り組みを後押しする

若手部下が新たな成果を上げたならば、そのプロセスや成果をチーム内でＰＲしていきましょう。あなたが論点として取り上げ若手リーダーにプレゼンさせる、あるいは所属メンバーを巻き込んでチームプレゼンをさせてもよいでしょう。活動をしっかりと承認し、その方向でＯＫという意思表示をしていきます。

プレゼン後に「ここがよかった」と補足説明をすると、あなたの意思はチーム全体への浸透にもつながり、他メンバーへの巻き込みにもつながっていきます。

・自身もさらに視点を高め俯瞰力を磨く

若手リーダーに「高い要求をしていく」ということは、あなた自身も高い視点を持ち、磨き上げを続けていく必要があります。鳥の目で俯瞰し、「考える際の視点の高さ」を、さらに高めていく必要があります。２次上長目線に加え、経営者目線まで踏まえ、何段階かの高さを使い分けられるようにしていくとよいでしょう。部門目線、事業部目線、経営者目線など、複数の高さを使い分けて発想できれば、それぞれの階層に必要な戦略・戦術を考えることができます。

このことは実務以外にどのようなことにアンテナを立てていくべきかを考えることにもつながります。上の階層にいけばいくほど、より正解のない領域に入っていきます。世の中の変化に直面し、あなた自身が方向性そのものを考え意思決定していくことが必要になってきます。

早い段階で視点を高めていくことで、あなた自身の成長も加速していきます。初めは暗中模索かもしれませんが、経営者は常にその状態とも言えます。それでよいのです。そうやって自身を磨き続けることで、若手部下からも「さすがだな」と言われ、あなた自身が若手のロールモデルとなっていきます。その姿を見せていくことが若手部下の育成にもしっかりとつながっていくのです。

ここまで進めることができれば、あなたに対する組織からの期待も高まり、より重要な役割を担うようになっていることでしょう。組織の力を高めていくために今後ますます重要度を増していく「若手育成の力」をいち早く習得した人物が放っておかれるはずがありません。

一方で、役割や責任の変化にともないあなたに求められる能力も変わっていきます。習得が必要なビジネススキルは、その都度身につけていけばよいのですが、段階が進むとキャラクターとしてもスイッチの切り替えを求められることもあります。

私自身も、もともと115頁でお話したタイプ分類でいけば農耕型タイプでしたが、キャリアの段階を経て、徐々に狩猟系のキャラクター特性へシフトしていきました。将来の自分のキャリアを想定して、自身のキャラクターをどのように表現すべきかも考えていきましょう。

第9章　まとめ

1　世の中のスタンダードが変化したことを認識する

ガイドラインではなく法律が変わった

働き方改革について、これまで目安だったものが法律になりました。つまり「できればやって」から「やらなければならない」に変わったということです。このことを念頭に置いて、今後の「世の中のスタンダードの変化」を受け入れなければならないのです。

今まさに時代に大きなうねりが発生しています。この変化にいち早く対応した人が今後勝ち残っていくことは間違いありません。

「古きよき時代よ、もう一度」を期待していても、もうやってくることはない

何度かお伝えしてきましたが、「昔はよかった」と思い出に浸ることはあっても、「そのうち景気がよくなれば」と安易に考えるのはやめましょう。時代の変化は経済環境もさることながら、日本の社会構造の変化に起因しているため、もし景気がよくなったとしても過去と同じような状況にはなりません。

今後の変化を踏まえ、未来志向でいち早く切り替えていくことこそ、あなた自身の「よき時代」を築いていきます。

若手育成を制するものが次の時代を制する

誰もが苦労しているこの「若手部下育成」という課題を制した人が「次の時代を制する」といっても過言ではないでしょう。様々ある経営資源の中で、最も得難く、質を高めるのに時間がかかるのが「人」の分野です。しかも今後ますます枯渇していく資源であることは明白です。

この領域をいち早く制した人がこれからの時代を優位に進めていきます。

2　若手部下の自律に向けて丁寧に！

本人たちの責任だけではない

今の状況は若手本人たちのせいで、こうなっているわけではありません。彼らは現在の社会構造に適応しているだけなのです。将来に向けてのギャップを、スピード感を持って埋めていくためには、育てる側から変わっていくことが必須です。

育てる側は、基本を押さえて丁寧に１歩ずつ

人の育成は時間がかかります。焦らずじっくりと進めていくことが重要です。あなた自身も誰よりも忙しい状況にある中でしょうが、「急がば回れ！」を繰り返し、丁寧に進めていくことが重要です。本人と意思疎通をするための準備をしっかりと行い、ステップを踏んで進めていきましょう。

プラスをコツコツ積み上げ、マイナスを排除

「まっさらな状態」の若手部下を育てるには、まっすぐと伸ばしていくことがポイントです。あなたの言葉や投げかけが、植物でいう水やりとなります。成長するために必要なプラス要素をコツコツと積み上げ、マイナス要素を発生させないよう、細心の注意を払ってください。

特に育成序盤は、マイナス要素の影響を受けやすいので、注意を払いましょう。

なくて七癖、自分のことを客観視

「やってはいるが、なかなか上手く進まない」。そんなときはご自身を客観視し、相手の立場で考えてみましょう。あなた自身が今の時代に社会人デビューしたらどう感じるか、そんなことを想像しながら客観視していきましょう。普段は口うるさいタイプのメンバーに耳を傾け、その声を聴いてみるのも効果的です。あなた自身に都合の悪いことをズバズバ指摘してくれる人を身近に見つけておきましょう。

3　部下の活躍が自身も育てる

他に先んじて育成法を確立する

社会全体の話をすると、「うちは若手の育成がうまくいっている」との声を聞くケースはなかなかありません。各社とも様々な取組みをしているものの、苦戦を強いられているのが実情でしょう。

そんな中で、育成に力を入れることを諦め始めるところも出てきています。終身雇用が崩れ、転職が当たり前となりつつある状況の中、「苦労して育成してもどうせ辞めてしまうから、力を入れても仕方がないのではないか」という論調です。

気持ちはわからなくないですが、こうなってしまうと「放任しておいて育った人だけ使う」というかつてのスタイルとやっていることは同じです。諦めるのは簡単ですが、ますます若手のいつかない職場となり、中期的には事業そのものが衰退してしまいます。むしろ周りが苦戦しているうちに先んじて育成法を確立し、若手が集まってくる職場にした方が、今後の勝ち残りにつながります。

あなた自身の自己実現に向けて

部下育成に成功したならば、「育てた若手部下が活躍する」ことも嬉しいことではありますが、合わせてあなた自身の自己実現とも直結してくるはずです。

若手部下育成のための取組みを進めることで、あなた自身の言葉も相当なレベルまで磨き上げられているはずです。ご自身の思いも明確になったのではないでしょうか。

若手部下の育成が進捗していくと、「共通の目的」を掲げ、「同じ方向に向かって」共に進む仲間が増えていくことにつながり、１人では成し遂げられないことにチャレンジできるようになっていきます。

今日明日の世界を越えて、中期的に何を成し遂げたいか。あなた自身の夢・やりがいの実現のためにも、未来に向かって頑張っていきましょう！　あなたが「次の時代の担い手」となるはずです。

おわりに

本書は、若手育成育成について、時代の変遷に伴う世代間の価値観の変化に着目し、調査分析を踏まえた、若手へのアプローチ法をテーマの中核に置いています。

私は、これまで「時代の大きな分かれ目」として、境界線を引くとしたら「戦後からバブル経済まで」と、「バブル崩壊後」2つのブロックで捉えていました。

バブル崩壊後は「緩やかな回復時代」リーマンショック、震災と、アップダウンを繰り返し、なかなか前に進まない時代でした。小売業出身という業界柄、前者を売れた時代（売手優位）、後者を売れない時代（買手優位）と認識してきました。

そして、今まさにもう1本の境界線の息吹を感じます。将来歴史として振り返ったときに転換点となるタイミングが来ているのでしょう。統計上は2015年に人口減少局面に入りました。これまで「来るぞ、来るぞ」と警鐘が鳴らされていた大きな変化のスタートです。第1章でも記しましたが現在はジェットコースターの頂点から少しだけ下り始めたタイミングです。これから状況は一気に加速していきます。

時代は若手人口の増加局面から、バブル崩壊後は高齢化局面に転じました。従業員平均年齢は多くの企業でみるみる上昇しています。これまでは力技での伝承や、なんちゃってＯＪＴ（計画のない背中を見せる型の現場教育）でもなんとかなってきました。若手側も人数が多く競争を強いられてきたため、こういった方法でも力をつけた人が組織を引っ張り、実際に進んでくることができました。

しかし人口減少局面に入るとそうはいきません。急激な変化に、覚悟を決めていち早く対応することができた「人」、「チーム」だけが生き残っていくと言っても過言ではないでしょう。若手育成が上手くいっていない状況の職場では、今のままでは遅かれ早かれ危機的な状況が訪れます。相手が人である以上。成果が出るまでに時間がかかります。後から間に合わず、手遅れになってしまったとならないよう、一刻も早く本気で取組みを始めることをおすすめします。若手人材育成を制するものが次の時代を制するのです。

さて、私には娘が2人います。この先の世の中の激変を考えると、娘たちを含む次世代のために、働く環境整備に貢献し、少しでも「明るい未来と豊かな社会」にしてバトンタッチをしていきたいという「志」を持っています。私にとっての働く目的でもあります。

あなたの働く目的は何でしょうか。おそらく本著で若手部下を育成するために、ご自身の思いを言葉にし、若手部下に語り、巻き込んでいくうちに、ご自身の中でも磨き上げが進み、よりイメージがはっきりしたはずです。声に出して発信することで磨きあげられ、より切れ味が鋭くなっていきます。若手育成を通じて、あなた自身のやりがいも高まったことでしょう。

若手育成という中期的な重要課題を得意ジャンルとすることができれば、ご自身の活動も発展していくはずです。あなた自身の人生が充実したものとなるようアプローチを進めていただければ幸いです。

最後に本著を執筆する機会をくださった皆さま、お話をお伺いするなど貴重なお時間を頂戴し、ご協力いただいた皆さまへ深く御礼申し上げます。

また、家族の多大なる協力があってこその執筆活動でした。膨大な時間を費やす中、負担をかけてしまった（平素よりさらに）妻のバックアップなくして、最後まで書き切ることはできなかったと思います。

中学生の長女には、さらに後に続く世代の、今時の感覚や教育現場の状況について情報提供をしてもらいました。次女について以前漢字学習支援を事例に、弊社HPで内発的動機づけについてブログを書いたことがあります。その頃まだ小学校低学年でしたが、今回は本著の原稿チェックをサポートしてくれました。本人も楽しんでやってくれていたのですが、かなりの量の「本著の文章」及び、「図表」をチェックしてくれました。「ここがわかりにくい」といった指摘をもらい、表現を修正したところも多々あります。共感する箇所についてのフィードバックもしてくれたので、こちらも自信がでてきました。

娘の成長を実感する喜びを味わいつつ、なんだか6年生にこちらが育てられているような…(笑)。多くの時間を費やし書き終えてみて、改めて「妻」、「娘たち」のバックアップなしでは最後まで辿りつけなかったと実感。本当に感謝しています。

引き続き、次世代へ「明るい未来と、豊かな社会」をバトンタッチすべく、時代の変化をキャッチアップし続け精進を続けて参ります。今後とも、ご指導よろしくお願い致します。

株式会社せんだ兄弟社　代表取締役　専田　政樹

2020年1月

著者略歴

専田　政樹（せんだ　まさき）

1975年生まれ。株式会社せんだ兄弟社代表取締役。

経済産業大臣登録「中小企業診断士」・学校法人産業能率大学総合研究所兼任講師。

大学卒業後、1997年株式会社イトーヨーカ堂へ入社。店舗運営管理、販売員教育等を経て28才で売場責任者としてマネジメント職へ。同年より労働組合中央執行委員（非専従4期）も担う。2005年に量販店改革を目指し立ち上がった株式会社セブン＆アイ生活デザイン研究所に創業時より参画し転籍。ＳＶ・ＶＭＤ・マーケティングなど店舗・商品開発等の業務を担当した後、同社管理部門長へ。2014年に中小企業診断士として経済産業省登録し、翌年独立。2017年に法人化。社会保険労務士の兄とともに企業の人に関するワンストップ支援事業を展開。「次代の担い手に、明るい未来と豊かな社会を託すこと」を志とし、企業研修等を通じ若手人材育成に注力。年間登壇100日超、延べ2000人を超える人材育成にあたっている。

会社ＨＰ　http://kyodaisha.com
問合せ　info@kyodaisha.com

働き方改革時代の若手部下育成術

2020年2月25日 初版発行

著　者　専田　政樹

発行人　森　忠順

発行所　株式会社 セルバ出版
〒113-0034
東京都文京区湯島1丁目12番6号 高関ビル5B
☎ 03（5812）1178　FAX 03（5812）1188
https://seluba.co.jp/

発　売　株式会社 創英社／三省堂書店
〒101-0051
東京都千代田区神田神保町1丁目1番地
☎ 03（3291）2295　FAX 03（3292）7687

印刷・製本　モリモト印刷株式会社

Printed in JAPAN
ISBN978-4-86367-557-5